大学日语教学理论与实践模式研究

李漫琪 ◎ 著

吉林出版集团股份有限公司

版权所有　侵权必究

图书在版编目（CIP）数据

大学日语教学理论与实践模式研究 / 李漫琪著. — 长春：吉林出版集团股份有限公司，2023.5
ISBN 978-7-5731-3524-7

Ⅰ. ①大… Ⅱ. ①李… Ⅲ. ①日语－教学研究－高等学校 Ⅳ. ①H369.3

中国国家版本馆CIP数据核字（2023）第112036号

大学日语教学理论与实践模式研究
DAXUE RIYU JIAOXUE LILUN YU SHIJIAN MOSHI YANJIU

著　　者	李漫琪
出版策划	崔文辉
责任编辑	刘虹伯
封面设计	文　一
出　　版	吉林出版集团股份有限公司
	（长春市福祉大路5788号，邮政编码：130118）
发　　行	吉林出版集团译文图书经营有限公司
	（http://shop34896900.taobao.com）
电　　话	总编办：0431-81629909　营销部：0431-81629880/81629900
印　　刷	廊坊市广阳区九洲印刷厂
开　　本	710mm×1000mm　1/16
字　　数	301千字
印　　张	14.5
版　　次	2023年5月第1版
印　　次	2023年5月第1次印刷
书　　号	ISBN 978-7-5731-3524-7
定　　价	78.00元

如发现印装质量问题，影响阅读，请与印刷厂联系调换。电话：15901289808

前　言

随着我国经济社会的不断发展,我国与世界各国的联系越来越紧密。高校日语教学应该如何在新的历史时期抓住发展机遇,以创新思维作为指导,培养具有国际视野、能够进行跨文化交流的复合型日语人才呢？改变传统的日语教学理念和教学方式是解决这一问题的关键。学习一个国家的语言的前提是学习一个国家的文化,只有充分掌握这个国家的文化,才能彻底学好这个国家的语言。日语专业的学习亦是如此,首先必须让学生了解日本文化,结合文化教学进行语言教学,才能更好地提高学生的语言素质,增强学生语言运用的能力。

日语教学是我国高等教育外语教学的重要组成部分之一。近年来,随着我国改革开放的深入发展,引进外资步伐的加快,日资企业也大批涌入我国,随之而来的是社会对各类日语人才的需求量不断扩大,尤其是在长江三角洲地区。为适应这一需要,各综合性高校掀起了试办日语专业的热潮,日语专业的学生人数迅速增加,就业竞争随之加剧,这无疑对日语人才培养在质量上提出了更高的要求。

进入 21 世纪以来,高校教育进行了一系列的改革,内容涉及教学大纲、教学模式、教材、网络教学平台、教学评估和师资队伍等诸多方面。在当前教育改革向纵深方向发展的背景下,我国高校日语专业培养出了一大批日语人才,但必须看到日语教学还存在着一系列的问题,如对日本文化的教学不够重视、教学手段过于单一等。为解决日语教学中存在的问题，为适应我国高等教育发展的新形势，本书总结近年来日语教学改革的经验，进一步提高日语教学质量。

本书主要研究大学日语教学理论与实践模式方面的问题，涉及丰富的日语教学知识。主要内容包括日语教学概述、日语教学理论与方法、日语教学思维、日语教学模式、情景式教学在日语教学中的应用、翻转课堂在日语教学中的应用、小组合作学习在日语教学中的应用、Seminar教学法在日语教学中的应用、日语教学创新等。本书是笔者长期从事日语教学和实践的结晶。本书在内容选取上既兼顾知识的系统性，又考虑到可接受性，同时强调日语教学模式的应用性。本书旨在向读者介绍日语教学的基本概念、原理和应用，使读者能系统地理解日语教学基础知识，熟练地掌握日语教学应用技能。本书涉及面广，技术新，实用性强，使读者能理论结合实践，在获得知识的同时掌握技能，理论与实践并重，并强调理论与实践相结合。

由于笔者水平有限，本书难免存在不妥之处，敬请广大学界同仁与读者朋友批评指正。

目　录

第一章　日语教学概述 ... 1
第一节　日语教学的目标分析 ... 1
第二节　日语教学的基本原则 ... 14
第三节　日语教学法的内涵解读 ... 34

第二章　日语教学思维 ... 56
第一节　日语与慕课教学思维 ... 56
第二节　翻转课堂教学与微课日语教学思维 ... 62
第三节　以学生为中心的日语教学思维 ... 72
第四节　"互联网+"多元化日语教学思维 ... 79
第五节　移动学习终端与日语教学思维 ... 84
第六节　输入理论与二外日语教学思维 ... 89

第三章　情境式教学在日语教学中的应用 ... 96
第一节　情境式教学的相关论述 ... 96
第二节　情境式教学在日语课堂上的具体实施 ... 106
第三节　情境式教学的效果及教学反思 ... 115

第四章　翻转课堂在日语教学中的应用 ... 119
第一节　翻转课堂相关论述 ... 119
第二节　翻转课堂的实践教学 ... 136

第三节　翻转课堂的效果和优化路径 140

第五章　小组合作学习在日语教学中的应用 149

　　第一节　小组合作学习的相关论述 149
　　第二节　小组合作学习在日语课堂上的具体实施 165
　　第三节　小组合作学习的效果及教学反思 169

第六章　Seminar（研讨课）教学法在日语教学中的应用 172

　　第一节　Seminar 教学法应用于日语教学的理论基础 172
　　第二节　Seminar 课教学结构研究 184
　　第三节　Seminar 教学法应用于日语教学的反思 190

第七章　日语教学创新 199

　　第一节　高校日语专业教学创新 199
　　第二节　高校日语听力课教学创新 208
　　第三节　独立学院日语精读课教学创新 214
　　第四节　创新人才培养与大学日语教学 218

参考文献 223

第一章 日语教学概述

第一节 日语教学的目标分析

任何一种教学活动都是在一定的目标体系指引下进行的。日语教学论对日语教学的内容体系做了明确规定，但是内容教学还是以知识和技能为根本。

按照现代教育观念的要求，在学科教学中不仅要获取知识，掌握技能，还要从人的综合素质提高的角度，对日语教学提出相应的能力目标。在教学的过程中，教师要关注培养学生的各种能力，促进日语知识与技能的掌握，从而促进学习者综合能力素质的提高。下面从内容目标与能力目标两个层面来揭示日语教学的目标体系。

一、日语教学的内容目标分析

目前我国的日语教学是以社会力量办学和大中专院校的日语教学为中心开展的，基础教育中的日语教学不占据日语教育的主导地位。而在大中专院校的日语教育（包括日语专业）中，由于"零起点"学习者居多，专业的日语教学是从基础阶段教学和高级阶段教学两个层面开展的。

高等院校日语专业课的教学要求，由于受学校性质、学科培养目标等的限制，对专业课、必修课、选修课的划分各有特点。开设课程的门类不同，课程名称及开设的时间、周学时数也不同，各学年教学要求的制定也有所差异。总之，参考我国各级各类的日语教学纲要以及国际日语能力考试对于不同级别考试的要求，将日语语言和技能教学目标、要求按照基础阶段与高年级阶段简单地归纳如下：

（一）基础阶段教学的内容目标

大学一、二年级的日语教学内容标准主要针对大学日语专业（零起点）一、二年级的教学，以及社会力量办学中的最初一两年内的日语教学。

日语专业基础阶段的教学基本要求如下。

1. 知识教学的目标分析

（1）学年教学要保证不低于 500 学时，两年内学生应该掌握现代日语语音、语法、词汇的基本知识，具备听、说、读、写日语的基本技能；能够在所学语言材料范围内正确、熟练地运用日语进行口头、笔头交际，为进一步学习日语打下坚实的基础。

（2）掌握日语语音的基础知识，朗读或说日语时，发音、语调基本正确，合乎规范，没有明显的语音错误。

（3）掌握日语基础语法，概念清楚，对日语语法中的主要项目、难点理解透彻，在语言实践中能够正确运用，无大错误，不影响交际。

（4）接触日语单词 8000 个左右，基本句型 250 个以上，惯用词组 200 个以上，其中积极掌握的应不少于一半。

2.语言技能教学目标分析

（1）在听方面，能听懂日本人一般性的讲话，听懂难易程度与所学课文接近的各种文章的录音。其中生词不超过3%，没有生疏的语法现象。

（2）在说方面，能较流利地进行日常生活会话，能与日本人进行一般交际性和事务性交谈，能在已学过的题材范围内进行3分钟以上的连贯性发言，无明显的用词与语法错误。

（3）在读方面，能朗读生词不超过3%、没有新的语法现象的各种题材的文章，要求读音正确，面带表情。能不借助词典快速阅读难度与所学课文接近的文章，内容理解确切，并能口头用日语叙述大意。能借助词典阅读非专业性的一般日文报刊。

（4）在写方面，能记述和改写听懂和读懂的文章，能在两小时内写出600字以上的应用文、记叙文，文理通顺，语法、用词基本正确。

（二）高年级阶段教学的内容目标

日语专业三、四年级的教学内容是一、二年级日语教学的延伸，与基础阶段的教学相衔接。在进一步练好听、说、读、写、译几项基本功的同时，还要扩大视野，拓宽知识面，学习有关日本文化、文学等方面的内容。参考《高等院校日语专业高年级阶段教学大纲》，对这一阶段日语教学提出以下要求。

1.知识结构目标分析

按照高等院校日语专业高年级阶段教学大纲的要求，高级阶段的日语教学从语言知识教学转入语言理论、与语言相关的专业知识和理论的教学，需要结合专业选择教学重点和内容。因此课程的具体设置由各学校根据培养目标适当掌握，大纲只是对课程的目标本身做了详细的规定。

2. 语言技能教学目标分析

高等院校日语专业高年级阶段教学大纲对于语言技能的培养目标也做了明确规定，从听、说、读、写、译几个方面提出了具体要求。

（1）听的内容目标

第一，能听懂日本人用普通话以正常语速所做的演讲、谈话，反应快，理解正确，并能复述中心内容。

第二，对电视节目、现场采访的广播及带地方口音的日本人讲话，听后能抓住主要内容和重要情节。

（2）说的内容目标

第一，能用日语较正确地表达自己的思想、感情，能与日本人自由交谈。

第二，经过较短时间的准备，能用日语即席发言或发表学术见解，能就熟悉的内容进行讨论或辩论，阐述观点。

第三，日语语音语调正确、自然，表达通顺流畅，无影响内容理解的明显语法错误。

第四，能根据不同场合、不同对象正确选用不同的语言表达方式，尤其是在词义的褒贬、敬语的使用及语气、色彩的把握方面基本无误。

（3）读的内容目标

第一，能读懂专业性很强的科技资料以外的现代日本文章，除最新外来语、流行语及个别生僻词外，基本没有生单词。

第二，能读懂一般性日语文章，能理解作品的主要内涵和意境。

第三，能较好地归纳、概括其主要内容。

第四，能独立分析文章的思想观点、文章结构、语言技巧及文体修饰。

第五，对于古文、和歌、俳句等古典作品或文章，借助工具书、参考注释能读懂大意。

（4）写的内容目标

第一，能用日语写出格式标准、语法基本正确、内容明了的书信或调查报告等文体的文章。

第二，能写内容充实、具有一定广度和深度的说明文、议论文以及论文。

第三，在构思成熟的前提下，写作速度可达每小时600～700字，无明显语法错误，用词恰当，简敬体使用正确。

（5）译的内容目标

第一，口译时，能在无预先准备的情况下，承担生活翻译；经过准备后，能胜任政治、经济、文化等方面的翻译；忠实原意，语言表达流畅，并能区别各种不同的语感和说话人的心态。

第二，笔译时，能翻译用现代日语撰写的各种文章、书籍；借助工具书和注释能翻译一般日文古文。

第三，汉译日时，能翻译与《人民日报》社论程度相似的文章，每小时能译400～500字（相当于1000日文印刷符号）。

第四，日译汉时，每小时能译500～600字。翻译文艺作品时，作品的预期意境及文体风格与原文基本相符，重要内容正确。

3. 实践教学目标分析

日语专业高年级阶段教学目标还包括毕业论文和毕业实习。

毕业论文的撰写主要是培养学生书面语言的运用能力，掌握论文的写作方法，提高思考、分析和解决问题的能力。毕业考试合格者可以撰写论文。论文的选题要在所学课程范围内；论文中要有自己独特的见解；引用观点等要注明出处；字数在6000~8000。

毕业实习是为了使学生将所学的理论、知识切实地应用到实践中，弥补课堂教学的不足，强化课程所学的知识，提高学生在实践中独立思考和解决问题的能力，为毕业后走入社会做好准备。

随着高等教育人才培养质量与规格的改革不断深入，社会对外语人才的需求从研究型转向实践型。为适应社会对外语人才的需求，各高校也在实习实践课程计划、课程类型、课时量、模式、评价体制等方面做了积极的探索，增添了如见习、顶岗实习、海外实践、社会实践等新的模式。

有的高校日语专业提出了赴日本半年海外实习的计划；还有的高校把日语专业实习实践时间从过去的6周延长到4个月，把这些实习、见习的课程设置在大三和大四的各个学期，分阶段、分目标为学生创造接触社会的机会，搭建语言实践平台。对学生的实习、见习的成绩评定主要从工作态度、业务水平、工作成绩、实习或社会实践报告几方面考核，由实习岗位指导教师和学校的带队教师给出评价。

二、日语教学的能力培养目标分析

（一）日语语言知识能力培养目标

语言是一个整体系统，语言结构的三要素——语音、词汇、语法，构成了日语知识教学的核心。语言理论知识的教学就是对语义的辨析、对语义概念的解读、对语言规则的介绍和使用方法的训练。

1. 语音能力培养目标

日语语音能力培养主要是指培养学生有助于顺利掌握日语语音的所有能力。这个能力要素包括遗传生理的和后天培养的两个方面。

只针对一般正常学习者而言，它主要包括：能够区分日语语音（音位）的辨音能力；能够准确再现日语语音的发音能力；听觉和动觉的控音能力；发音动作的协调能力；具备自动化言语动作熟练的能力；感知和再现日语语调的能力等。

2. 词汇能力培养目标

日语词汇能力培养目标主要包括：有助于学生生成对词汇的感性认识的形象记忆力（听觉、视觉和动觉的）；迅速而准确地区分近似词的能力；迅速形成新的概念的能力；区别词义的能力；迅速理解词的具体（上下文的）意义的能力；识记各种日语词组、短语、成语的能力；在感知日语时迅速认知和理解词的能力；迅速找出必要的日语词来表达自己的思想的能力等。

3. 语法规则能力培养目标

日语语法规则教学的能力培养目标主要包括：具备分辨各种词类和句子成分的能力；察觉日语词汇结构及语法特点的能力；根据语法规则变化单词并将词汇连成句子的能力；迅速而准确地辨认和再现各种句法结构的能力；正确掌握词的一致性关系的能力；熟练地正写与正读的能力等。在修辞方面，要具备概括语体词汇和语法特点的能力；辨认和再现各种语体的能力。

（二）日语技能的能力目标

语言是用于交际的工具，人们通常采用听解、会话、阅读、写作的方式进行交际，因此，外语教学论将"听、说、读、写"称为外语学习的四项基本技能（以下简称"四技"）。

技能是指身体各部分的灵巧动作或感官的敏锐程度。外语的"四技"训练，实际就是对我们应用外语时的口、眼、耳、手等感觉器官进行的外语适应或外语熟练的训练。在训练这些语言技能的同时，也会逐步提高各种言语能力。

1. 听解能力培养目标

听是获得日语知识和技能的源泉和手段之一。听解既是听觉器官的运动过程，也是一种复杂、紧张、富有创造性的智力活动，它要求听者在这种活动的过程中积极地进行感知、记忆、分析、归纳、综合等思维活动。因此，听力训练又是一种重要的智力训练。

根据听的心理特点，把听的能力概括为：快速捕捉和存储信息的能力，辨别各种语音的能力，适应日语语速的能力，长时间的听解能力，综合和概括的能力，判断力等。帮助学生了解听的心理特点，掌握提高听解能力的方法，是听力教学关于听解能力培养的目标。

2. 会话能力培养目标

会话又被称为"说"。会话是一种积极的言语活动，是不经分析和翻译，迅速用外语表达思想的一种技能。它不是简单地重复已经学习过的语言材料，而是创造性地组织已经学过的语言材料表达自己思想的一种行为方式。

会话能力是一种复用式言语能力，根据会话的特点，把会话能力概括为以下几个方面。

（1）自如地、创造性地运用已经学习过的语言材料表达思想的能力。

（2）注意力集中在会话的内容而不是语言表达形式的能力。

（3）敏捷思考和快速运用语言的能力。

（4）会话过程中的日语思维能力（或排除翻译的能力）；应对无主题对白的语言交际能力等。

帮助学生了解说的特点，掌握会话能力提高方法，是会话教学关于会话能力培养的目标。

3. 阅读能力培养目标

阅读是获得语言知识的重要手段之一，人们通过阅读可以实现间接言语交际。特别是在当今，由于信息技术和现代化网络架起了通信桥梁，网络在线阅读已经普及，获取日语阅读材料的条件比过去成熟许多，通过阅读获取日语知识已经成为一种重要的学习方式。阅读能力是培养其他言语能力的杠杆，所以，对阅读能力的培养也是外语学习的一项重要任务。

阅读能力是指感知、识别和理解语言材料的能力。具体包括：辨认词、词组、句子结构的能力；把握段落中心思想和作者思想发展趋势的能力；弄清句、段之间的关系和诸如指示代词的实际内容等方面的能力；对文章整体的综合理解的能力等。帮助学生了解读的心理特点，掌握阅读能力提高方法，是阅读教学关于阅读能力培养的目标。

4. 写作能力培养目标

写作是借助文字符号传递信息的语言活动或语言交际形式，是一种语言输出过程，也是重要的语言交际活动。随着网络的不断普及，网上交流日益频繁，日语应用写作从书信、公文、科学论文、文艺作品等领域扩展到网络信息交际等领域，增强了写作的应用性，对写作能力的要求也逐步提高。因此对写作能力的培养也是日语学习的一项重要任务。

写作能力包括书面造句能力，搜集素材能力，书面语言的运用能力，捕捉灵感能力，构思能力，组织和形成思想的能力等。帮助学生了解写的特点，掌握写作能力提高方法，是写作教学关于写作能力的培养目标。

5. 翻译能力培养目标

翻译是在准确、通顺的基础上，把一种语言信息转变成另一种语言信息的行为。其分类有许多种，如根据翻译者翻译时所采取的文化姿态，分为归化翻译（意译）和异化翻译（直译）；根据翻译作品在译入语言文化中所预期的作用，分为工具性翻译和文献性翻译；根据翻译所涉及的语言的形式与意义，分为语义翻译和交际翻译；根据译者对原文和译文进行比较与观察的角度，分为文学翻译和语言学翻译；根据翻译媒介，分为口译、笔译、视译、同声传译、机器翻译和人机协作翻译、电话翻译等。由于上述分类在语言表达形式上只包括有声语言和符号语言，因此，在讨论翻译能力时，只在口译、笔译两个大的概念下展开。

（三）日语情感教学的能力培养目标

达尼艾·格尔曼所著的《情感—心理智能指数》一书从五个方面分析了情感学习能力，即自我认识能力、自我驾驭能力、自我修正能力、共鸣情感产生、社会协调性。

根据这一理论，把日语学习的情感态度能力归纳为：学习愿望与兴趣的培养能力；树立良好学习动机的能力；调节个人情绪的能力；勇敢、积极地参与语言实践的能力；与他人的协作能力；探索精神与毅力；培养克服困难的勇气和决心的能力；吃苦精神；人际交往能力。帮助学生适时地调节自我学习心理特点，是教师教学过程中对学生情感态度培养的目标。

（四）日语策略学习能力的培养目标

学习策略是学习者为掌握某种知识和技能所采用的一系列方式方法。通常从四个方面来理解：认知策略、调控策略、资源策略、交际策略。外语能力的形成除了受教学策略的影响外，还需要通过学生的学习实践活动来体现。日语能力形成的一个重要条件就是学习策略的选择。

日本名古屋大学教育学研究科伊藤崇达根据"失败的努力归属与学习动机没有关系"的结论，对原因归属、学习策略与自我效能感之间的关系进行了调查研究，得出了"与认知的学习策略相比，自我调整学习策略与自我效能感之间的相关更为显著。在诸多的学习策略中，学习者自我调整学习策略最为重要"的结论。

这一研究表明，自我调整学习策略对学习成就获得具有重要意义。假设将学习中遇到的困难看作学习的暂时性失败，那么相应地调整自我的学习策略就是克服困难的最重要的武器。

日语学习活动中策略学习的能力主要包括：选择有效感知、记忆、联想等方法的能力；选择合理预习、复习策略的能力；有效理解知识和概念的能力；主动探索符合日语学习规律的学习技巧的能力；调节学习中自我生理与心理机能的能力；正确评价自我学习的能力；监控自我学习的能力；管理自我学习的能力；在团队学习中发现及借鉴他人学习方法的能力；选择既适合自我个性心理特征又可有效促进交际的行为方式的能力。帮助学生了解学习过程的特点，掌握学习方法和策略，是学习策略能力培养的教学目标。

（五）日语跨文化能力培养目标

跨文化学习主要有跨文化接触、跨文化理解和跨文化交际三个过程。跨文化接触，就是个体通过有选择地借用母国文化来接触跨文化，对跨文化所作的赋有个性特征的统合和再现。日语跨文化理解就是辩证地认识日本文化的内涵、思想观点。

学习者固有的价值观、思维方式会直接影响到对跨文化的理解和认识。跨文化交际又被称为跨文化知识应用，主要是指与日本人进行交际时如何避免发生文化冲突，使交际朝着我们期待的目标发展，保障交际顺利进行。

日语教学关于跨文化的能力培养重点不在于跨文化接触，而在于对跨文化的理解和跨文化交际能力的培养。结合日语学习特点，将跨文化能力概括为：意志决断能力，问题解决能力，创造性思考能力，批判性思考能力，有效的交际能力，人际关系能力，自我认识能力，共鸣能力，情感控制能力，对焦虑的处理能力（心理调节能力）。

意志决断能力，即明确自我究竟要做什么、想做什么这一目标意识，从而决定自我行为目标和方向；问题解决能力，包括目标设定，其中最重要的是发现问题和选择最恰当的解决问题的方法以及如何达到目标的企划能力；创造性思考能力，即把获得的信息进行创造性的组合，创造出独特的思考和计划的能力；批判性思考能力，即对获得的信息、经验以客观的方法进行分析的能力；有效的交际能力，即采用言语与非言语形式自我表达的能力；人际关系能力，即与他人保持良好人际关系的能力；自我认识能力，即对自我的性格、优缺点、愿望、好恶等的认识能力；共鸣能力，即对他人的意见、情感、立场、心情能够产生共鸣又不为其所左右的能力；情感控制能力，即对喜怒哀乐等情感的自我控制的能力；对焦虑的处理能力，即了解跨文化学习过程中产生的焦虑源，为消除焦虑而采取适当措施的能力，也称作心理调节能力。帮助学生了解跨文化理解和交际的特点，掌握跨文化学习的方法，是跨文化教学关于跨文化交际能力的培养目标。

第二节 日语教学的基本原则

教学原则对教学活动的顺利有效进行有着指导和调节意义，能够为教师积极有效地开展教学活动提供依据。

普通教学原则包括有序性原则、教学最优化原则等。

有序性原则是指教学工作要结合学科的逻辑结构和学生的身心发展情况，有次序、有步骤地开展和进行，以期使学生有效地掌握系统的科学知识，同时有效地促进学生身心健康发展。

教学最优化原则是指教学活动中，要对教学效果起制约作用的各种因素，进行综合调控，实施最优的教学，取得最优的教学效果。

日语教学原则是日语教学规律的反映，是在一定的教学原理指导下对学生掌握语言知识和语言技能的基本途径的总说明。不同的外语教学法流派的理论依据不同，对外语教学规律的认识也不同，对反映教学规律的教学原则的认识也不一致。日语教学不仅要遵循教学一般原则，还要根据语言学、心理学、教育学、生理学、系统论等科学的最新研究成果，吸取各教学法流派的优点，制定适合我国学习者开展日语教学的基本原则。

21世纪教育的终极目标就是培养全面、和谐发展的人才。作为国民教育的一个组成部分，日语教学也肩负着这个使命。人的发展包括内因和外因两个因素。内因是指正常的健康的个体身心内部发展要素，主要有两个方面：一是遗传素质，二是人的主观能动性。

遗传素质是生物因素，是人的发展的物质基础和前提条件。遗传素质的成熟程度，影响着人的身心发展过程和阶段。主观能动性属于心理范畴，人的主观能动性的性质、方向和水平都离不开教育的培养和塑造。

人的发展的外因是指影响个体发展的一切外部客观条件，包括自然条件和社会条件，在外语教学中通常称之为语言教学环境。人的发展的内部因素和外部因素是通过实践活动和教育活动实现和谐统一的。

人的发展是教育的宏观目标。外语教学的具体目标是掌握语言知识，培养语言技能，要想实现这一目标，必须通过教师的教学实践和学生的语言实践来完成。日语教学原则必须遵循教育方针，符合教学规律和语言学习规律，为完成语言教学的根本任务服务。从这个意义上，把日语教学原则体系归纳如下。

一、以提高学生综合素质为目标

人的素质是指人所具有的从事某种活动的生理、心理条件或身心发展水平，包括人的先天禀赋和被内化了的后天教育、影响等诸多因素。人的素质可分为个体（个人素质）的和群体的（民族素质等）。

就个体的人来说，其素质又有生理的（身体的）和心理的等。其中心理的既包括知觉、记忆、想象、思维、情绪、情感等与生俱来的心理特质，也包括被内化的属于文化范畴的政治的、思想的、道德的等社会性心理内容。

日语教学除了使学生掌握日语知识和技能外，还要使学生通过对日语课内外的学习提高文化修养。它不但使学生受到思想教育、道德教育、人生观价值观的教育，同时还开启学生智力，培养能力，把日语教学与人的全面发展这一教育教养任务有机结合起来。

提高学生的综合素质，对教师有以下要求：

（1）在教学过程中要注重挖掘学生的智力潜能，发展学生的智力水平。外语学习的智力要素主要包括语言感知能力、观察力、记忆力、联想力、逻辑思维能力、创造力以及学生的自学能力。

（2）在教学活动中要注重对学生四项基本技能的培养，即外语学习的能力要素。它包括听解能力、会话能力、阅读能力、写作能力，有学者把翻译能力也纳入外语能力要素范畴。

二、创设各种形式的语言学习环境

在我国开展日语教学活动的特点之一在于它是一种间接认识，学生在教学中以学习书本知识为主。

生活中的语言是鲜活的，有时候语言规则也不能完全解答现实中所使用的语言现象，更何况作为外语的日语语言与学生的生活和他们自己的个人经验存在相当大的差距，有些对他们来说甚至是完全陌生的。而人的认识总是从感性上升到理性，从具体过渡到抽象，完全没有感性认识和具体形象做基础和支撑，是不可能真正掌握语言概念和文化背景知识的。

由于书本知识与学生之间客观存在距离，学生们在学习和理解的过程中必然会遇到各种各样的困难和障碍，创设多种形式的语言环境和语言学习环境，对学生的成长有重要意义。

创设语境可以采取以下措施：

（1）模像直观。模像直观是运用各种手段对实物的模拟，包括图片、图表、模型、幻灯、录音、录像、电影、电视等。实物直观虽然具有真实有效的特点，但往往因受到实际条件的限制而无法使用，而模像直观则能够有效地弥补实物直观的缺憾，特别是现代技术在教育领域的应用，使模像直观的范围更加广阔，无论是历史还是现实，都能够借助某种技术手段达到直观的效果。

（2）语言直观。语言直观是教师运用自己的语言，借助学生已有的知识经验进行比喻描述，引起学生的感性认识，达到直观的效果。

与前两种直观相比，语言直观可以最大限度地摆脱时间、空间、物质条件的限制，是最为便利和经济的。语言直观的运用效果主要取决于教师本人的素质和修养。

（3）完善教学条件设施。在科学技术高度发达的当代，日语教学外部环境已经达到一个相当高的水平，日语教学所需要的图书情报资料、影像设备、网络媒体资源为创设语言学习环境提供了可能。

在日语教学中切实有效地创设好语言环境和语言学习环境，对于教师有以下基本要求：

（1）恰当地选择直观手段。教学课程内容、目标不同，教学任务不同，学生年龄特征不同，所需要的直观手段也不同。

（2）直观是手段而不是目的。一般来说，当教学内容对于学生来说比较生疏，学生在理解和掌握上遇到困难或障碍时，才需要教师运用直观手段。为直观而直观，只能导致教学效率降低。

（3）在直观的基础上提高学生的认识。直观给予学生的是感性经验，而教学的根本任务在于让学生掌握理论知识，因此教师应当在运用直观手段时注意给予学生指导，比如通过提问和解释鼓励学生细致深入地观察，启发学生区分主次轻重，引导学生思考现象和本质及原因和结果等。

（4）合理选择教学优质资源，应用最有利于学生理解、掌握教学内容的教学技术手段和教学方法，不走形式，不浪费宝贵的课堂教学时间。

三、有效激发学生的学习动机

"有领导的认识"是教学活动的特点之一。没有教师的主导作用，学生是难以自行完成掌握陌生语言文化知识和技能的任务的。

教师对于教学任务能否完成和教学效果的优劣都负有主要责任。然而，学生才是教学活动的主体。教师的主导作用首先在于激发学生的求知欲和学习兴趣，建立积极的日语学习动机，使他们能够自觉主动地学习。离开了这一点，学生对于语言知识和技能的真正掌握、学生智力的发展、学生态度感情的成熟和提高都是不可能的。

学习动机是推动学生进行学习活动的内在原因，是激励、指引学生学习的强大动力。其心理因素包括学习的需要，对学习的必要性的认识及信念；学习兴趣、爱好或习惯等。

从事学习活动，除要有学习的需要外，还要有满足这种需要的学习目标。由于学习目标指引着学习的方向，可把它称为学习的诱因。学习目标同学生的需要一起，成为学习动机的重要构成因素。

学生的学习动机可以通过教育教学过程加以培养。培养学生的学习动机对教师有以下要求：

（1）要通过目标设立、奖惩机制、选择受关注的热点问题等激发、启发学生的学习自觉性。

（2）要激发学生的好奇心与求知欲，帮助学生通过直观或实践活动形成稳定的学习兴趣。

（3）根据阿特金森的成就动机理论，总是给学生提供难易度系数为50%的学习内容，因为在这个难易度系数下，学生的学习动机最强。

（4）对于缺乏学习动力的学生，还可以利用其爱好诸如日本动漫、网络游戏等原有动机，通过必须掌握知识才能完成的影视欣赏或游戏任务造成动机的迁移，以形成学习的需要。

当学生已经有了种种学习需要之后，教师为了将其维持、加强或进一步发展，还必须做好动机的激发工作。激发学生的学习动机，对教师的要求如下：

（1）采取启发式教学、讨论式教学、辩论式教学等新颖而生动的教学方法，激发学生参与语言实践活动的意识，提高其语言应用能力和水平。

（2）创设问题情境启发学生积极思维。为此，教师要熟悉教材，掌握教材的结构，了解新旧知识之间的内在联系，还要了解学生已有的认知结构状态，使新的学习内容与学生已有发展水平构成一个适当的跨度。创设问题情境的方式多种多样，既可以用教师设问的方式提出，也可以用作业的方式提出；既可以从旧教材与新教材的联系方面引入，也可以通过学生的日常经验引入。在教学过程和教学结束时，也可以创设问题情境。问题情境创设的方式多种多样，并且应该贯穿整个教学过程。

（3）创造轻松自由的课堂气氛，避免学生过度紧张和焦虑。

（4）适当开展学习竞赛，处理好竞争与合作的关系，建设合作型课堂结构。多伊奇（M.Deutsch，1949）的目标结构理论认为，由于团体中对个人达到目标的奖励方式不同，导致在达到目标的过程中，个体之间相互作用的方式也不同。

研究表明，个体相互作用的方式主要有相互对抗、相互促进和相互独立三种形式，与此相对应，也存在着三种现实的课堂目标结构：竞争型、合作型和个体化型。在竞争型目标结构中，团体成员之间的目标具有对抗性。只有其他人达不到目标时，某一个体才有可能达到目标，取得成功；如果其他人成功了，则降低了某一个体成功的可能性。

激发学生学习动机的方式和手段多种多样。只要教师有效地利用上述手段来调动学生学习的积极性，学生就有可能学得积极主动，并学有成效。

四、重视跨文化交际能力的培养

外语教学的主要目的是培养学生的交际能力，而交际能力主要由语言能力和社交能力构成。交际是通过言语和非言语行为来实现的，不了解对象国的文化就不可能真正具备跨文化交际能力，交际行为也受使用者的文化制约，同时也是其文化的载体。

在日语教学的过程中，对跨文化交际能力的培养应着重研究干扰交际的文化因素。这些因素包括语言手段、非语言手段、社交准则、社会组织、价值观念等。

语言包括词语的文化内涵、篇章结构、逻辑思维以及翻译等方面。非语言手段指手势、身体语言、服饰、音调高低、微笑、沉默、对时间与空间的不同观念等。社交准则泛指人们交往中必须遵循的各种规则以及某些风俗习惯。

社会组织指家庭中各成员的关系、同事朋友关系、上下级关系等。价值观念包括人与自然的关系、道德标准以及世界观、人生观等。

重视对学生跨文化交际能力的培养，主要作用在于以下几个方面：

（1）了解不同文化的交际功能模式，能使学生进一步意识到不同文化背景下的人们惯用的言行交际方式。

（2）了解不同的文化行为及其功能，能增强学生对不同文化背景的人们的通常行为的了解，并把他们与受自身文化影响的行为联系起来。

（3）了解不同文化背景的人们的世界观、人生观、价值观及道德标准，能增强学生对自身文化的意识以及对不同文化、不同道德标准的人们的理解。

（4）了解不同文化背景的人们的日常生活模式和言语及非言语行为方式，重点是人们日常生活中的常见行为，能帮助学生了解具体情景的行为原则。

在日语教学中贯彻这一原则，对教师有以下要求：

（1）明确跨文化能力培养的主要任务，即培养学生对人们的行为都会受到文化的影响的理解力；培养学生对社会的理解力，这种影响力会受到诸如年龄、性别、社会阶层、居住地等因素的影响；增强学生对在一般情况下日本文化中常规行为的意识；增强学生对日语中词和短语文化内涵的认识；培养学生用实例对日本文化进行评价和完善的能力；培养学生获取日本文化信息并对其进行加工整理的能力；激发学生对日本文化的求知欲并鼓励学生体验与日本人的文化共鸣。

（2）掌握跨文化能力培养的基本方法，如对比法、交际法、演示法、实物以及图片参照法、讨论法等。

（3）注重行为文化的导入，要把语言习得和文化习得有机结合起来，使学生通过学习获得语言能力、言语能力和交际能力。

五、教师指导和学生自觉学习相结合

教学活动中，到底应该以教师为中心还是应该以学生为中心，一直是教育史上重大的争论焦点问题。如赫尔巴特所强调的"教师的权威"主张"教师主体"；杜威提出的"儿童中心论"主张"学生主体"。

就教育过程的本质和教师的作用来说，在整个教育教学过程中，教师应处于主导地位。原因如下：

第一，教师是教育方针、教育计划的贯彻执行者，教师主导着学生的发展方向和质量规格。

第二，教育本身是有目的有计划的育人过程，人的发展是在教育过程中靠教育者有组织有计划地系统实现的，任何教学大纲、教学计划和教科书都取代不了教师在培养人方面所起的作用。

第三，教师受过专门训练，具有扎实的专业知识和教学经验，懂得教育规律，掌握教学方法，因此，学生的学习只有在教师的指导下才能在短时间内取得最佳效果。

但是，应该看到，教育过程是师生的双边活动，必然离不开学生的积极主动参与。调动学生的积极性与主动性，不仅是教师主导作用的内涵之一，也是衡量教师主导作用发挥程度的重要指标。因此，就教育过程的总体来说，在教与学这两个主体的关系上，教师处于主导地位。

学生是学习的主体，在教育过程中，学生是学习任务的主要承担者。相对于学习内容而言，学生是学习的主人，与学生主体相对应的是学习的客体，它不仅包括教师所施加的一切教育影响，也包括教师本身。因此，认识到学生的主体地位，可以提示教师在教的过程中想到学生的学，并自觉调动学生的学习积极性和主动性。在教育的过程中，学生具有主体和客体的双重属性。

承认学生的客体地位是教师发挥主导作用的前提，明确学生的主体地位是提高教育活动效果的关键与根本。在教学中要充分调动学生学习的自觉积极性，使学生能够主动学习，最终理解并掌握所学知识。

教师要面向每个学生，充分了解学生。现代教育强调，不能够要求学生适应教育，而是要使教育适应学生。除学习成绩以外，学生的个性特征的各个方面、家庭背景、生活经历等，都是教师因材施教所需要了解的。

尊重学生的差异。学生的差异不仅是客观存在的，而且是合理的。日语教学各阶段的课程目标都包括一级目标、二级目标，在达到各目标标准的基础上，教师应当允许学生存在不同方面、不同水平的差异，并且针对每个学生的具体条件帮助他获得最适宜的个性发展，而不是去普遍地增加难度和深度。良好教育培养出的是大批个性充分发展的人，而不是千人一面的"标准件"。

六、合理处理日语教学中的关系

（一）处理好汉语和日语的关系

外语教学法视其对母语的态度分为两大学派：翻译法和直接法。翻译法充分发挥母语在外语学习过程中的作用；直接法在外语学习过程中完全排斥母语。在日语教学的实践过程中，如何处理好作为母语的汉语和日语的关系，直接影响教学方法的选择和教学效果。

语言是约定俗成的，语言具有民族性和科学性。语言学上日语和汉语属于不同语系，汉语属于汉藏语系分析语，有声调。

汉语的文字系统——汉字是一种意音文字，表意的同时也具备一定的表音功能。而日语属于黏着语，通过在词语上粘贴语法成分来构成句子，称为活用，其间的结合并不紧密，不改变原来词汇的含义只表示语法功能。

在日语教学过程中切实有效处理好母语与日语的关系，对教师有以下基本要求：

1. 把握母语的使用

分析一般外语学习者能在有限范围内用外语思维的原因可以得知，这不是从学习初始就排斥母语的结果，而是反复操练和反复使用外语进行真实交际的结果。学生在学习和使用日语语言过程中必然要经历两个阶段：一是日汉、汉日的翻译过程，这是学习的初级阶段；二是完全用日语思维，排除翻译的过程，这是学习的高级阶段。

学生在掌握外语的过程中，总要经历"自觉到不自觉"的过程，也就是先借助母语作为外语与概念的中介来学习和使用外语，而后逐渐摒弃这个中介，在外语和概念之间建立起直接联系，这是使用外语的内部心理机制的一个质的变化。掌握外语的过程就是实现飞跃的过程。而要实现飞跃，关键在于反复实践。

学习者在控制使用母语翻译过程中，有积极和消极两种类型：自我调控能力强、能自觉训练排除母语翻译过程的学生，进步快，口语能力强，语速快，属于积极的类型；反之，是消极类型。为促进学生抛开母语中介，达成学习质的飞跃，教师需要对学生学习进行有效指导，引导学生在听力、会话、阅读、写作过程中逐步养成"直读直解"的习惯，学会用日语思维。教师在课堂上尽量不说或者少说汉语。同时直观释义法或者日语解读法都是有利于克服母语干扰、培养日语思维能力的有效教学方法。

教学过程中，对待母语汉语既要控制使用又要好好利用。翻译法只讲利用不讲限制，直接法只讲限制不讲利用，两者都具有片面性。用翻译法释义是最节省时间的授课手段，但是，它并不是最理想的手段。由于语言并不是一一对应的，翻译释义有时候很危险，容易引起学生片面理解词汇意义，造成语义误读。

可见，一个词会产生多种意义，用许多的汉语词汇来翻译，只会带来记忆困难。所以，无论是从语言思维的培养角度还是从准确认知并正确运用语言的角度，都建议用日语授课。

那么何种情况下可以使用汉语翻译？可以参考如下情况。

第一，用日语或者直观法难以释义的词汇、成语、句子、语篇可以适当使用汉语翻译或解释，节省教学时间。

第二，作为检查学生对知识的掌握情况的手段，教师可以用翻译法。

第三，区分日、汉语言规则和概念时，可以适当使用汉语。

第四，区分日语近义词意义时，可以适当使用母语翻译。

2. 努力克服母语的干扰

汉日语言的相近性既会为我国的日语学习者学习日语带来便捷，也会带来困扰。首先，日语中虽然使用大量的汉字，但是有些日语汉字的语义与现代汉语的意义截然不同。

此外，日语中的长短音、促音、浊音等发音是汉语中所没有的。

汉语的语序是"主—谓—宾"结构，日语是"主—宾—谓"结构，谓语在句子末尾，对于习惯汉语表达方式的学习者来说，语言思维的转换是学习语言面临的最大困难。日语的句子成分在句子中的作用和地位是由助词来决定的，语序不决定语义，这些都与汉语有很大差异。

学习者在认识、掌握、熟练语言规则的过程中，必然会遭遇到母语的强烈干扰，所以，在初学者乃至于学习很长时间日语的学习者身上，总能发生"汉语式日语"的情况。此时，教师的指导就能发挥积极作用。

教学过程中，教师在排除母语干扰方面要选择好的材料，合理分配时间，安排好教学重点，精心设计练习体系，教授时需要"提点学生"，不必展开分析，不能在有限的课堂教学时间内全力专注于区分汉语、日语，要引导学生有目的、有计划地克服母语的干扰。

3. 有效利用汉语的正迁移作用

语言迁移是指母语的影响进入第二语言的习得，包括语言上的影响，如语音、语汇、语法、语义等方面的影响。语言迁移还包括语言之外因素的影响，如思维模式、文化传统、社会历史等方面的影响。

我国的日语学习者在日语学习过程中，首先要解决的是母语汉语的语言迁移问题。

日语与汉语在历史上有过几个相互吸收的阶段。日本在绳纹时代是没有文字的。公元四五世纪，汉语传入日本，主要为一部分识字阶层所习用。后来随着我国文化制度和思想学说的传入以及佛教的普及，汉语才逐渐深入融合到一般人所使用的日语中去。很多日语单词的读音也是由当时传入日本的汉语单词的发音演化来的。到了飞鸟平安时代（公元600年左右），受到隋唐文化的影响，借用汉字的某些偏旁部首以及草书体汉字，日本创造了片假名和平假名，使日语有了完整的表记体系。

汉语和日语在历史上始终呈现出紧密的互动，这与两国在政治、经济、文化等各方面的广泛交流是分不开的。日语教学过程中，这些互相融合的语言文化，相对于欧美的学习者，对我国的学习者来说是一种优势。特别是学习日语时，没有哪个国家的学习者能超过我国学习者。此外，同属于东方儒文化圈的我国和日本，文化差异性小，这就减少了我国的日语学习者跨文化学习的压力。有效利用汉语与日语语言上、文化背景上的相似或相近的特点，促进汉语固有知识和经验在日语学习过程中的正迁移，是日语教师必须坚守的原则。

说到学习迁移，我国的学生在日语学习之前，大多学习了英语。应该看到，这种东西方文化差异很大的语言学习，开拓了学习者跨文化学习的能力，日语近代以后大量引进西方文化，语言词汇中也有大量的外来语。在学习迁移中，教师也应该关注到英语学习对日语学习的迁移作用。

（二）处理好语言知识教学和语言技能教学的关系

在语言学中，当语言和言语作为术语而对立使用时，语言指的是语音、语法、词汇系统；言语指的是用语言进行听说读写的交际活动。语言具有全民性，而言语具有个人性。

在日语教学中，重视语言，就会以教授语言形式、结构规则为主，以分析讲授为教学模式，教学活动中心是教师，教学设计多为封闭的、固定的模式；重视言语，就会以语言实践为主，以学生为活动中心，根据语言话题、内容、语义、语境等的变化，设计多为开放的、弹性的教学模式。

日语知识的获得和能力的培养究竟是怎样达成的？习惯习得理论认为，"语言是习惯的体系"，外语学习靠模仿记忆，反复操练，直到新的语言习惯形成。但是，它重视语言学习的条件反射训练，忽视人的主观能动性、逻辑思考力和理论知识的作用，具有片面性。认知学习理论认为，语言学习是一种创造性的活动，要重视智力和语言规则，但是它对语言技能的形成需要通过反复实践认识不足。

掌握一门语言，语言知识是基础，是言语能力形成的前提保证；言语技能是语言学习的最终目标；使学生能自如准确地运用语言进行交际活动，是日语教学的根本目的和任务。日语教学必须把语言知识学习和言语技能训练作为同等重要的任务来完成。

语言知识是有限的，词汇、语法是约定俗成的，有一定规律可循。选取难易度、知识内容都符合教学目标设计的教科书，设计合理的教学计划和课程计划，在教师的指导下，学生就能够达到掌握知识的目的。言语技能的培养则需要更长的时间。

J.布鲁纳认为，学习一门学科，包含三个同时发生的过程，即知识的获得、知识的转换和知识的评价。R.M.加涅则认为学习过程存在八个阶段，即引起动机阶段、了解阶段、获得阶段、保持阶段、回忆阶段、概括阶段、作业阶段和反馈阶段。

奥萨贝尔认为一个完整的学习过程包括三个阶段，即习得阶段、保持阶段和再现阶段。笔者认为，外语知识的掌握过程由五个认识活动的环节构成，即教材的直观、教材的概括、教材的识记、教材的保持和教材的具体化。教材的直观和概括是由教师主导完成的，教材的识记、保持和具体化是学生的行为，必须通过反复训练、巩固记忆才能达到纯熟。所以，比较起知识的传授，教师在对学生进行听说读写能力培养方面要付出更多的努力。

处理好语言知识教学和语言技能教学关系，对教师有以下要求：

1. 语言知识教学原则

（1）语言知识教学方面要处理好课文教学和语音、词汇、语法教学的关系。

语言体系内部包括语音、词汇、语法三个要素。语音是语言的外壳，词汇是语言的建筑材料，语法是一个个孤立的词汇的黏合剂，三者统一，才能使语言成为交际的工具。

外语教学大纲是把学生必须掌握的词汇和句型按照五十音图的顺序逐一列出，把语法项目归类列出。但是，大纲只能是教学纲要和指导，不能够代替教科书应用于教学过程中。

课文教学规定了语法、词汇、语音知识的讲解范围和教学内容，按照初、中、高级阶段技能教学的不同侧重点，课文教学在方法上可以发挥统筹、协调的作用。

课文教学不能全部解决语言规则的问题，如果不能有效地解决语音、词汇、语法的问题，课文的教学也无法进行。所以，对语言三要素的单项训练也不容忽视。有教师在精读课教学上先讲生词，再讲语法，然后进入课文和练习；也有的教师以课文段落为单位，逐段讲解生词和新的语法。这两种做法各有利弊。

先讲新知识就会后讲课文，语言的练习会集中在一个个知识点上，对掌握新知识有益，对课文进行综合训练会有所不足；逐段讲解新知识点，会以本课要解决的问题为核心，不利于新知识点的系统化和单独训练。教学过程中无论采取哪种做法，如果能够做好教学设计，有意识地规避这些弊端，就能够保证教学方法的合理性和科学性。

笔者建议根据日语不同教学阶段，采取不同的教学模式：初级阶段重在听说，对学习者来说，新知识多，语法规则入门较难，所以要以先讲知识后讲课文为主，无论是语言知识教学还是课文教学都要贯彻听说领先、以练为主的方针；高级阶段重在阅读，新的语法规则减少，词汇量增大，词汇学习属于机械记忆的内容多，可以安排课前预习来解决，此时可以围绕课文开展教学。

还应该予以明确的是，在课文内的语言知识是零散的、不系统的，缺乏规律性的。对语言知识进行归纳整合，使知识系统化，有助于学生建立起学科知识结构，宏观把握知识。

（2）课堂内外都要关注知识的巩固和应用。

在教学中需要进行不断的巩固工作，通过练习、复习帮助学生牢固地掌握所学知识。在教学中贯彻这一原则，对教师的要求如下：

第一，在理解的基础上巩固。对于所学知识的理解是巩固的前提。教师首先应当保证学生学懂学会，才有可能获得巩固的良好效果。

第二，保证巩固方式的科学性。心理学研究揭示了关于记忆和遗忘的一些规律，按照这些规律组织安排，可以提高巩固的效率。教师应当熟悉并且善于运用这些规律。

第三，巩固的具体方式要多样化。除了常见的各种书面作业外，教师应当善于利用各种不同的方式帮助学生巩固所学知识，比如调查、制作、实践等，都能够使学生通过将知识运用于实际以达到巩固的目的，并且能够促进学生多方面的发展。

第四，保证学生的身心健康。并不是作业越多巩固的效果越好。合理地安排巩固是考验教师教学能力的一个重要指标。

2. 语言技能教学原则

（1）课堂教学要重视语言实践，精讲多练，以练为主。

正确使用语言需要懂得概念和理论，但是教学过程中至关重要的与其说是传授语言知识，讲授语言理论，不如说是培养言语能力，让学生掌握语言使用方法。许多教学法专家提出，课堂教学讲与练的比例应该为1∶5。

教师的讲解是必需的，在讲授方面重在"精"：第一是精选语言材料；第二是精炼地、精确地讲解语言。多练是针对讲而提出的，多练不仅仅指练习量多，练习时间多，更重要的在于善于练习：第一是指练习要科学化；第二是指练习要有针对性、目的性；第三是指练习要有助于培养听、说、写等语言交际能力；第四是指练习要符合学生的外语学习心理过程。

（2）语言技能培养方面要四会并重、阶段侧重、全面提高。

听、说、读、写既是教学目的，又是教学手段，无论从交际的角度还是从教学的角度来看，这四个方面都是一个整体，相互联系、相互制约、相互依存、相互促进。

说和听属于口语能力，阅读和写作属于书面语能力。外语口语的学习过程是从听开始的，学生通过听来模仿、记忆、重复学会说，听为说提供了范例，创造了条件；会说的话是一定能听懂的，说可以提高听的准确性。

阅读可以接触更多的语言材料，对写作乃至于听说能力的提高都有促进作用；写作能力促进口语表达的逻辑性和语言表达的准确性。听和读是吸收语言材料的过程，说和写是表达思想的过程。

日语教学要在广泛听和读的基础上进行说和写的训练，在说和写的活动中巩固听和读所获得的语言材料，要做到听说读写四项基本技能并重，全面提高言语能力。

大脑生理学的实验表明，听说读写各有各的生理机制，对某一个言语技能的训练必须独立进行，不能相互替代。一般来说，在初级阶段的日语教学中，口语能力培养是主要任务，要侧重于对听说能力的培养，以读和写的练习来巩固听说训练中掌握的语言材料；中级阶段在继续发展口语能力的同时要加强读、写的训练；高级阶段阅读的训练成为首要任务，同时兼顾口语训练。

七、教学评价要促进教学质量

教学评价是依据教学目标对教学过程及结果进行价值判断并为教学决策服务的活动。教学评价是研究教师的教和学生的学的价值的过程。

评价的方法主要有量化评价和质性评价。对教师实施教学评价的主要包括三类人群：教育管理部门的负责人（包括督导）、同行、学生。在学校教育中对学生实施评价的主要是教师和代表各级各类教育管理部门组织的考试评价。

教学评价的方法包括测验、征答、观察提问、作业检查、听课和评课等。评价本身也是一种教学活动。在这个活动中，学生的知识、技能将获得长进，智力和品德也将有所发展。

日语教学法主要是从教师评价学生的角度出发讨论教学评价的原则。对教师有以下基本要求：

第一，明确多次评价的目的和评价对象，以解决评价的方向性问题。

第二，明确每次评价的内容、评价的具体目标。

第三，明确为评价而准备的资料。

第四，对评价资料做出客观、科学的判断。

任何一个教学原则的确定都要符合教育现代化的目标。教育现代化的内在特征表现为教育民主化和教育主体性。

教育民主化包括受教育的机会均等——不仅是指入学机会均等和获得知识方面的均等，还包括充分发挥每个个体的内在潜力以获得本领方面的均等；师生关系的民主平等；均等地改变所有教师和学生的学习、工作和生活条件等含义。

教育主体性有两层含义：一是尊重学生个体的主体性，让学生主动地、自由地对自己的学习负责；二是尊重教育的自主权，尊重教育的相对独立性，打破模式化教育，用多样化教育造就富有个性的一代新人。

第三节 日语教学法的内涵解读

一、日语教学法的概念界定

日语教学法就是研究日语教与学的过程及其规律的科学。

日语教学法这一概念包括以下要素：日语、日语教学、日语教学法。日语是指日本民族使用的语言以及与语言交际息息相关的社会文化知识。

日语教学是关于日语语言知识与技能的教与学的活动，具体指教师指导学生学习日语语言文化知识，掌握日语听、说、读、写等能力以及汉日语言互译能力、跨文化交际能力，同时帮助学生获得一定的身心发展，形成一定的思想品德的活动。学校的日语教学通常是在一定的教学目标指引下，按照既定的教学计划和大纲，采用符合教学目标和教学对象实际的教科书，在具有日语教学技能、日语知识和日语能力的教师的具体指导下，针对特定的教学对象实施的活动。

日语教学法还是研究日语（作为外语）教学理论和实践的科学。日语教学法不仅研究日语教学的基本理论，也研究日语教学的具体方法，如讲授法、翻译法、演绎法、练习法等，还研究针对不同国别、不同年龄段、不同固有知识水平的教学对象开展教学时需要采取的方法和策略。因此，日语教学法既是研究理论的科学，也是师生围绕日语知识与技能展开的教与学的实践活动。

二、日语教学法研究的对象和任务

日语教学法主要研究"为什么教（学）、教（学）什么、怎么教（学）、教（学）得怎么样"等问题，归根结底是教学的基本过程。

教学过程是一个系统，首先体现的是由教师到学生的"人—人系统"，它是由教师、学生、教学目的及教材、教学方法等要素构成的。教学的培养目标决定着课程的设置、教科书的选择和教学评价的方法、标准等，与教育学、心理学有密切联系。

教学的具体内容是日语语言和日本文化，这与日语语言文化密不可分。教学过程中会应用到教学设备、现代教学技术手段，这涉及教学方法与策略。这些都是日语教学法要研究的重要课题。归纳起来，日语教学法的研究对象主要包括以下几个方面：

（1）日语教学的意义。这方面主要研究的问题有：第一，学习日语对于个人发展和国家建设的意义。第二，学制与学时。在哪一类学校、哪一个年级开设日语，多少学时。第三，日语教学的教育、教养、实用目的及其相互关系，日语教学在实用方面的总目的和各年级的教学目标与要求。第四，各级教育部门有关日语教学的规定。

（2）日语教学的内容。这方面主要是研究教学内容。

国家颁布的各层级教学规定了内容范围。教科书根据大纲的要求按照一定的顺序编排、选择具体内容，因此研究"教什么和学什么"的实质是研究教科书问题，如编写和选用教科书的原则、分析教科书的结构和体系等。

（3）日语教学的方法。教学是师生的双边活动，要研究如何教必须先研究如何学。

属于如何学的问题包括：第一，学生在日语教学中的地位。第二，学生学习日语的心理过程。第三，从学习者角度看决定日语学习质量的诸因素，如学习态度、学习兴趣、学习动机、学习外语的适合性（素质）等。

属于如何教的问题包括：第一，日语教学法的理论基础。第二，各种外语教学法流派的理论和实践。第三，适合我国日语教学的理论、原则以及与此相应的日语语音、语法、词汇基础知识教学和听说读写基本技巧的训练方法。第四，日语课堂教学和成绩考核。第五，现代教育新技术，除了传统的录音、录像、广播、电视外，最新的网络媒体对日语教学的影响等。

（4）影响和制约日语教学的因素。任何教学过程都是具体的，在一定的时空范围内开展的，有制约它的诸要素存在。例如，教学行政管理、教育政策、教师能力素质、教育评价机制等。

在解决为什么教、教什么和怎样教的问题时，可以利用相邻科学的研究成果和理论，但是不能抽象、机械地引用，因为这些相邻科学的任务需要回答的问题与日语教学法不同。

教育学的任务是探索一般的教育教学规律。心理学研究人们一般的心理规律和接受一般教育、教学时的心理规律；语言学研究语言本质、人们习得语言和运用语言的一般规律，这些理论有助于日语教学法的研究，但是它们不能直接、具体地回答日语教学过程中出现的诸问题。不断地回答、解决日语教学过程中出现的新问题是日语教学法研究的根本任务。

三、日语教学法的研究途径和方法

（一）日语教学法的研究途径

（1）研究日语教学可以史为鉴。日语作为外语教学在我国已有百余年的历史。自1897年清政府在京师同文馆内设立了东文馆（日文馆）起，我国就开始把日语作为外语纳入教育领域。日语教学在我国起源于近代，发展于改革开放以后。作为外语教学的一个分支，日语教学法研究受到以英语教学法为主体的外语教学法的影响。

从外语教学法发展历程来看，我国的日语教学先后经历了翻译法（语法翻译法、词汇翻译法、翻译比较法）、直接法、自觉对比法、口语法、视听法、认知法、自觉实践法、功能法等发展阶段和过程。每种教学方法都有其合理性和不足之处，继承和借鉴已有的教学法，古为今用，洋为中用，取其精华，对丰富和发展日语教学法有现实意义。

（2）研究日语教学可以吸收兼容。与日语教学法相关联的其他学科不断发展，取得新的成果，其中必有能够为我所用的学科理论可以与日语教学实践相结合，指导教学实践，这也是丰富日语教学法的理论宝库。

（3）研究日语教学可以借鉴国外成功经验。20世纪60年代日本经济崛起，日本成为世界经济强国，强大的经济实力也促进了日本的国际化发展，经济腾飞与生存压力、少子化等社会问题的产生也促使日本政府以及民间团体纷纷采取措施，大量吸收海外留学生，间接地促进了日本本土的日语教育者研究对外日语教学法。半个世纪过去了，这些来自日本本土的对外日语教学理论为我国日语教学提供了可供借鉴的经验。

（二）日语教学法的研究方法

1. 研究课题分类

日语教学法的研究课题，按照性质和作用可以分为两大类：第一类是理论性的，其表现形式为专题论文和专著；第二类是实用性的，其表现形式是各种教学文件和资料，包括教学大纲、教材、考题、工具书、参考书等。

2. 研究方法分类

社会科学的一般研究方法有观察、文献分析、面谈、问卷、测试、总结、实践和实验等。

（1）历史文献法。又称为历史法和文献法，就是研读国内外各个历史时期关于针对中国人开展日语教学的论述、专题论文、专著，分析、整理、研究各个时期的教学大纲、教材、考题等，从阅读文献入手，以历史的、发展的、批判的眼光探索日语教学理论与实践规律的研究方法。

（2）观察调查法。这是通过对教学现场的观察和调查取得有关资料进行研究的教学方法。观察的对象可以是教师本人，通过微课教学设备录制实验课全过程，课后进行观察。观察的对象也可以是他人的现场教学，获得一手的观察资料和数据，开展调查。

调查旨在取得难以直接观察到的资料，如为了评价贯彻某个大纲、使用某部教科书、采用某种教学方法的实践效果，除了观察教学现场之外，还组织各种调查。

观察调查法主要包括教学现场观察、专门组织的调查测试、学生的作业或试卷调查分析、就某一专题问卷调查、谈话调查等。要对观察和调查的资料与数据进行归类整理和分析,综合研究后才能得出结论。

(3)实验法。这是一种通过教学实践验证原有假设或理论的方法。按实验目的,又可分为试证法和实验法。

试证法旨在通过教学实践验证实验前提出的假设,通常用于探索性研究。一般情况下,研究者在阅读文献或在教学实践中得到某些启发,形成某种设想或假设,然后组织试证教学,以期验证自己的假设是否科学,是否可行。

实验法旨在通过教学实践,验证前人或他人的某种理论是否有效和可行。通常用于评论性研究。在许多情况下,在验证前人或他人理论时,研究者往往加上自己实施这一理论的一些补充设想。这样的实验,就兼有试证的性质。在现实的教学实验中,采用纯粹实验法的较少,采用既有试证性质又有实验性质的实验法的较多。

总结法是教师把自己在教学中积累的经验通过分析研究,使感性认识上升到理性认识,探索教学规律。

在研究实践中,文献分析法、观察调查法和实验法往往结合使用。

第一,采用文献分析法研究某个理论问题时,可能通过实验法取得论证资料。

第二,采用实验法评价某项理论时,可能通过观察调查法取得进一步的佐证。

第三,采用观察调查法进行研究时,可能事先通过文献分析法熟悉有关问题在文献资料中的记载。

（4）比较分析法。随着日本经济高度增长期的到来，经济发展需求与"少子化"产生的劳动力不足发生矛盾，日本自20世纪80年代以来，高度重视海外留学生的招收和教育，对日语非母语的学习者日语教育问题研究水平高，成果丰硕。这些日语非母语的学习者或者是以英语为母语，或者是以其他语言为母语，不同母语文化对日语教育教学的研究有不同的影响，结论也不相同。

当直接借鉴在日本针对我国学生开展的日语教育研究成果时，由于我国、日本两个国家的教学环境存在差异，可以采取比较分析的方法，研究不同文化背景、不同语言教学环境下的教学法理论和方法。同为外语教学法学科体系的英语教学、俄语教学的理论及方法也有助于丰富和发展日语教学法的理论，指导日语教学实践。

在比较法上可以采取纵向比较（如针对不同国别学习者日语教学法比较）、横向比较（如英语教学法与日语教学法比较；实验组与对照组比较）、同类比较（如在我国的日语学习者和在日本的中国人日语学习者的日语教学比较）、相异比较（如男、女日语教学法比较）、定性与定量比较（如影响日语教学的因素与影响值比较）等方法。

（5）经验总结法。日语教学是实践的过程，教学经验来源于教学实践，只有认真地科学地总结经验，并将其上升到理论高度，才能在更广泛的范畴内指导教学实践活动。总结经验需要我们具有明确的科学研究意识，选准研究课题与对象，把握方针政策，掌握国内外研究现状，制订研究计划，搜集具体事实，在此基础上进行分析和综合，并广泛论证，总结成果。

3. 研究工作的一般步骤

（1）准备阶段。这个阶段有两项主要工作：准备研究条件和拟订研究计划。

准备研究条件包括：收集文献资料（文献分析法），确定需要观察的班级及需要调查和收集的资料，编写调查测试用考题、问卷，选定各项活动的对象（观察调查法），准备实验用品（实验法）。

研究计划内容包括：研究课题，研究的目的和意义，研究内容的提纲初稿，工作进程，各阶段完成日期。

准备资料和拟订计划这两项工作常常交叉进行。例如，要准备文献资料，先要取得课题；而要取得课题，又往往需要准备必要的条件。

（2）计划实施阶段。准备工作基本就绪，开始按计划开展研究活动：阅读文献、观察调查、实验。在这一阶段必须做好文献摘录及各种资料的记录、收集、整理、分类等工作。

（3）分析判断阶段。资料收集齐全、实验完成，就要对取得的各种资料从定量到定性两方面进行统计、分析、归纳、判断，得出有规律性的、有说服力的或者有启迪性的结论，形成观点。

（4）表述阶段。有了资料，有了观点，就可以正式构思论文的结构和内容，把研究活动的结构用文字表达出来，写出言之有物、立论有据、有观点、有材料的论文。

在实践研究工作中，后几个阶段的活动也可能有交叉。例如，在分析判断阶段，甚至在表述阶段，可能发现某些资料不足，因而需要再次收集资料，在对资料进行整理和分类时，就可能需要进行初步的归纳和判断。所以，上述工作步骤只能是一般的划分。

四、日语教学法的学科属性与体系

（一）日语教学法的学科属性

关于日语教学法的学科属性历来就有争论，有观点认为日语学科教学论是外语学科教学论的一个组成部分。外语学科教学论是教育科学的一个分支，因为它的研究对象是教师、学生、教材、课程、评价等外语教学中教育和教养过程的一般规律，所以日语教学法的学科体系也应该从属于教育科学。还有观点认为，日语教学法从属于语言学，是日语应用语言学的一个分支，因为指导学生掌握日语语言知识和言语技能是日语教学法研究的根本任务，日语教学法的研究离不开日语语言知识和语言文化背景，因此，日语教学法是日语语言学理论在教学中的实际应用。

笔者认为这两种观点都有其合理性。日语教学法是一门涉及多学科的边缘性科学，与英语教学法、俄语教学法等同属外语分科教学法，是普通外语教学法的一个分支。普通外语教学法探讨各科外语教学的普遍规律，它来源于各分科外语教学法，也指导各科外语教学法。日语教学法既是一个科学概念，又是高等师范院校日语教育专业的必修课程，是一个课程名称。

（二）日语教学法的体系

日语教学法的体系组成有两种含义：一是指它的广义内涵，又称为亚体系；二是指它的狭义内涵，即教学法所包含的内容。

从广义看，日语教学法的亚体系由基本理论、基本知识、基本实践、基本操作、专业思想组成。

（1）基本理论。包括一般语言观、心理观、教育观以及相应的规律、模式、原理，如语言知识和言语技能的统一，智力因素和非智力因素的统一、教学和教育的统一等。基本理论也包括具体的日语教学观点、原则、方法，如听说读写并举，语音、语法、词汇综合，学习和习得结合等。

（2）基本知识。基本知识是基本理论的应用，包括各个方面的教学方法、方式，各种类型的教学手段、技术的运用和使用，以及有关的道理和说明等。具体的语言知识教学法、言语技能教学法、课外活动组织法、现代化教育技术手段使用法，以及强化性和艺术性教学法等，都属于基本知识之列。当然，基本知识和基本理论的划分是相对的。

（3）基本实践。基础实践是指初步把日语教学法基本知识和基本理论应用于教学实践的尝试。这种实践带有训练性质。但是在基本实践中，实践者也要努力发挥创造性。基本实践的主要形式是教育实习、见习、评议会、讨论会等，包括听课、备课、写教案、上课、批改作业、辅导、家庭访问、指导课外活动等一系列的教学实践。通过实践形成能力。

（4）基本操作。基础操作是指日语教学中的技艺性或技术性的活动。如板书和黑板使用的整体设计，简笔画的画法和构思，各种电化教具的使用方法和操作技巧、在线课程指导等。这些都是日语教师的基本功，是本学科的组成部分。

（5）专业思想。成为一名合格的日语教师的专业思想是学习和研究日语教学法学科的出发点和归宿。本学科的广度、深度、难度，学科教师和发展所需要的思想修养、文化修养、逻辑修养等，都会促进日语教育研究者、工作者对之产生兴趣，进而转化为对日语教学工作的兴趣，这也会促进专业思想的树立和巩固。

教学是创造，教学法学科的发展是创造。抓住创造，教学法学科的基本问题就容易解决了。学习教学法就是学习创造，研究教学法就是发挥创造性，创造就有价值，这是教学法学科发展的原动力。

从狭义上看，日语教学法主要分为两大部分：教学思想和课程设计。课程设计又可分为教学目的、教学内容、教学流程、教学方法四个部分。教学思想是课程设计的指导思想和原则，课程设计是教学思想的体现。不同的教学法体系不仅体现在教学思想上，也体现在课程设计上。

教学思想是对语言特性及其社会功能、对语言掌握、对母语和日语掌握过程的异同等的认识以及组织教学过程的原则。

教学目的指确定课程的教学目的。教学内容是指教学内容范围、选择标准、量时比及组合教学内容的体系和原则、编排顺序等的设计。教学流程指整个教学过程组织的设计，如课程整体安排，教学阶段的划分和衔接，课型和分工，课内教学和课外教学的配合和分工等的原则。教学方法指课内外教学基本模式的设计。

五、日语教学法与相关学科

（一）日语教学法与语言学

语言是交际最重要的工具。学习语言要注意它的物质结构，更要注重其交际功能。任何外语课程的最终目标都是要使学生利用所掌握的语言知识达到交际的目的。语言是思维的外壳，母语水平是思维能力的重要反映，母语思维习惯对外语思维习惯的养成具有干扰作用。语言和言语是不同的概念。

语言是音义结合的词汇和语法的体系，言语是在特定的语境中为完成特定任务对语言的使用。语言和言语互为依存。语言的社会功能表现为言语时才能体现。言语要以语言为基础，不能脱离语言规则。语言是体系，言语是行为。

语言和言语的关系表明，外语教学的最终目的应该是培养言语能力或交际能力；外语教学的内容不仅指语言知识，也指听说读写行为；教学方法不仅要根据学习语言知识的需要进行设计，更要根据培养听说读写的能力需要进行设计。

（二）日语教学法与教育学

教育学要求把日语教学作为整个教育活动的一个组成部分，促使学生全面发展，日语教学既是教育的目的，又是教育的手段。教育学所阐明的原理、原则对整个学校教育、对学校的各门课程都有指导作用。

教学论也称普通教学法，是教育学的一个重要组成部分或分支，它专门研究教学过程及其规律。教学论和学科教学法，包括外语教学法中的日语教学法，它们之间既有密切联系，又有区别。

教学论研究学校各门课程的一般教学过程和规律，所论述的教学原理、原则及教学方法是从各门学科教学法大量材料中分析、概括、提炼出来的，对各门学科的教学都有指导意义。而学科教学论在研究学科教学理论的同时，一方面要以教学论所阐述的原理和原则为指导，另一方面又以自己的研究成果充实和丰富教学论理论。教学论是教育科学中与日语教学法有直接关系的科学。

（三）日语教学法与现代教育技术

教育技术是指对学习过程和学习资源进行设计、开发、运用、管理和评价的理论与实践。教育技术的研究对象是学习过程和学习资源。

在《教育技术手册》一书中把教育技术分为更加具体的不可分割的三个部分：①硬件，指技术设备和相应的教学系统；②软件，指由硬件实施而设计的教材；③潜件，指理论构想和相关学科的研究成果。可以看出，教育技术有三个基本的属性。

第一，教育技术是应用系统方法来分析和解决日语学习问题的过程，其宗旨是追求教育的最优化。

第二，教育技术分为有形技术和无形技术两大类。有形技术是指利用自然科学、工程技术学的成果，把物化形态的技术应用于日语教育，借以提高教学效率的技术，它包括从黑板、粉笔等传统的教具到多媒体计算机及网络等一切可以利用于教育的器材、设施、设备等及相应的软件；无形技术主要指利用教育学、心理学、系统科学、传播学等方面的成果以优化教育过程的技术。

第三，教育技术依靠开发、利用所有的学习资源来达到自己的目的。

学习资源分为人员、材料、设备、技术和环境，这些资源主要来自两个方面：一是专门为学习日语而设计出来的资源，如教师、课本、计算机课件、投影机、教室、操场等；二是现实世界中原有的可被利用的资源，如报刊、展览、影视、生产现场、竞赛等。

现代教育技术是把现代教育理论应用于日语教育、教学实践的现代教育手段和方法的体系。包括以下三个方面。

（1）日语教育教学中应用的现代技术手段，即现代教育媒体。

（2）运用现代教育媒体进行日语教育、教学活动的方法，即媒体教学法。

（3）优化日语教育、教学过程的系统方法，即教学设计。

随着网络的普及，微课、慕课、翻转课堂、在线学习等已经逐步出现在日语教学活动中，现代教育技术对日语教学的影响和作用越来越不容忽视。

（四）日语教学法与系统科学

系统论是把认识对象作为系统来认识。日语教学法的认识对象是日语教学，把日语教学看作系统，则必然要采用系统论的方法处理日语教学的有关问题。

系统是由许多相互联系和相互作用的部分（要素）按照一定的层次和结构组成并且具有特定功能的有机整体，所以系统就是整体。

在教育科学中，人们长期研究学生、教师、教材、班级等教学组成部分，说明人们思想中还没有把教学当作一个整体对待。在应用语言学研究中，人们专注于语言教学的客观性，较少触及学习主体，基本不谈教育环境，这违背了外语教学的基本规律。所以，强调日语教学是一个系统，这是基本的教学观点。

从系统论的观点出发研究日语教学法，有以下意义：第一，有助于教师准确把握教育目标，明确日语教育是学校教育中的一个要素，要服从教育的整体目标；第二，有助于教师明确教学任务，不能只管教不管学；第三，有助于指导教师宏观把握教学内容，不是只了解某一课、某一册书，而是要建立系统的知识结构，明确册、课是教材的要素、子要素，而教材又是教学的要素；第四，有助于教师克服语言环境困难，利用现有教学条件，不断提供外在语言环境体系系统，为学生学习创造条件。

（五）日语教学法与哲学

哲学，特别是辩证唯物主义认识论和方法论是日语教学法的指导思想的理论基础，是认识日语教学法中各种矛盾的本质和正确处理矛盾的根本思想武器。

在研究教育科学时，要肯定教学规律是客观存在的，不以人的主观意志为转移，同时还要认识到随着科学的进步、时代的发展，对教学方法的研究也会发生变化。就外语教学法体系而言，经历了语法翻译法、直接法、自觉对比法、口语法、视听法、认知法、自觉实践法、功能法、交际法等阶段，每种教学方法的出现，都是与各种方法相互交叉、互为补充的，是为适应当时社会历史时期外语教学需求而产生的。每种方法的产生又对旧的教学方法产生了推进和促进作用，增加了旧的教学方法没有涵盖的内容。

就发展的观点而言，辩证唯物主义揭示了人们对外语教学发展过程和一般规律的认识过程。此外，任何教学法理论都要受到教学实践的检验。外语教学是一个多组成（教学内容的多样性）、多层次（教学目的的多样性）、多因素的复杂过程，存在多重矛盾，在探索过程的规律，观察矛盾的对立、统一和发展时，必须联系具体的时间、地点、对象、条件，注意矛盾的共性和个性，注意矛盾的主要方面，坚持具体问题具体分析。马克思主义哲学观点是研究日语教学法的根本思想武器。

（六）日语教学法与心理学

心理学是研究人们的心理过程，研究人们的思维、记忆、想象、意志等心理过程及其规律的科学。人的心理就是脑的特征，生理是心理的基础。教学活动是师生的共同活动，教学的成败取决于师生双方的积极性。

学习的过程是认知的过程，与心理活动密不可分。为把教学组织得合理并卓有成效，必须关注教学实施者的教师心理和作为教学主体的学生心理，了解他们的一般生理和心理特点，掌握师生在教学过程中的心理规律、智力因素、非智力因素和个性因素的和谐作用。

行为主义心理学和认知心理学的基本规律是指导日语技能训练和日语学习能力培养的重要依据。心理学可以指导教师和学生在教学过程中找到动机、自尊、自信、自觉性、自主感、记忆技巧及规律等。

教育心理学是研究学生在教育影响下形成道德和品质、掌握知识和技能、发展智力和个性的心理规律，是与口语教学法紧密相连的学科。教育心理学关于学习动机、兴趣、学习知觉、表象、思维的相互作用的研究，关于掌握知识和技能的心理规律的研究等，都与日语教学法有着直接的关系。

心理语言学或语言心理学研究人们习得、学习和使用语言的心理规律，主要侧重于母语和第二语言的习得和学习等的心理规律，关注不同年龄、母语水平、学习环境和学习动因、学习内容对第二语言学习的影响，心理语言学的研究成果有助于日语教学法建立新的理论，对教学实践有指导作用。

（七）日语教学法与人类学

语言是人类社会生活不可缺少的一部分。现代语言学主要来源于两大传统：语文学传统和人类学传统。

语文学传统从比较语言学和历史语言学开始，根据文学作品和书面文献的研究对语言进行分析和比较，强调语言的自然属性，把语言看成一个封闭的、独立的系统，把语言学看成一门横跨人文科学和自然科学的独立的边缘科学；人类学传统指运用人类学方法去研究没有书写系统和文字传统的社会集团的语言，即把语言学看作一门社会科学，把语言置于社会文化的大环境中去研究。

人类语言学的研究传统诱发了文化语言学的出现和兴起，通过从文化的角度来考察语言的交际过程，语言学家们发现人们在语言交际过程中不仅涉及语言系统，而且涉及同语言系统紧密关联且相互依存的文化系统。

从人类文化学角度研究日语教育问题，在教学中要注意文化交叉问题。在语言中导入文化，在文化中教语言，二者要相互促进。文化既是日语学习的目的，又是日语学习的手段。中日文化既有差异也有相同之处，日语学习的一个重要任务就是在语言学习过程中达成跨文化理解。从文化的角度学习日语，语言情境和功能的问题就会迎刃而解，交际的目的也容易达到。

（八）日语教学法与社会学

语言与社会的关系是辩证的，它们存在着错综复杂的关系。社会的本质是人和组织形式：人，确定了社会的规模和活动状态；组织形式，决定了社会的性质。语言是一种社会现象,是人类区别于动物的重要标志,是人与人交际的工具,也是使人与文化融为一体的媒介,它随着人类的形成而形成,也随着人类社会的发展而发展、变化而变化。

文化是一种社会现象和社会精神力量,是人们通过长期的社会实践创造的产物,是社会历史的积淀物。

人类用语言创造文化,文化又反过来影响人类,促使人类走向更大的进步。

自古以来人类社会积聚下来的文化遗产给语言留下了深刻的烙印,人类的语言是人类社会文化中的语言,它与人类社会、人类的文化有着密切的关系。

社会学理论是社会学家思想的结晶。从孔德的实证主义到吉登斯的结构化理论,从严复的《群学肄言》到孙立平的"断裂三部曲",社会学理论的发展走过近200年的历史。在这200年中,众多社会学家留下各式各样的思想,其中有些还形成独特的门派。这些思想被后人编撰,形成社会学理论。

社会学的功能论、冲突论、过程论、符号互动论、批判论和结构化理论以及产生自20世纪80年代之后的新功能主义、沟通行动理论、结构化理论、实践社会学理论、理性选择理论、互动仪式链、后现代主义等当代社会学理论,有助于正确认识和准确理解该国家的社会结构、性质,有助于了解该国家的社会现象,即语言和文化。因此,在日语教学过程中,社会学的理论对语言教学以及语言文化教学有重要的指导意义。

此外,社会学要求教学集体的和谐,师生和谐,学生间的和谐,教师间的和谐,教师与学生家长的和谐,学生和家长的和谐。这些和谐是指心理上、认识上、情感上、行动上的和谐统一，和谐理论是学校教育、语言交际、语言学习理论的基础理论之一。

五、日语教学法认识的误区

（一）对教学方法唯一性的认识存在误区

许多青年教师教学实践经验少，教育理论知识基本功不够扎实，在研究教学法时陷入标准唯一的误区，即希望在教学中找到一个模板，无论什么课程、无论面对何种教学对象，"一招鲜吃遍天"。

例如，认为让学生动起来就是一堂好课，而不顾是否适合教学内容、教学目的，只一味地采取多种形式的课堂练习，流于形式；再如，认为教学法理论无用，教师可以各自为政，平行班教学时你用你的方法，我用我的方法，反对教学方法唯一。

诚然，具体的教学方法是多种多样的，不能强求一律采用同样的方法。但是，这样的不一致是在教学基本理论指导下开展的，是对基本教学法理论的不同诠释和演绎，这是在创造性地灵活应用教学法，而不是无标准、无原则的随意行为。

（二）对日语教学法科学性的认识存在误区

认为教学法是语言学、心理学、教育学理论的拼装，不是一门独立科学，或者把教学法与应用语言学、心理语言学、社会语言学等同起来，认为与其学习教法不如学习这些科学更有价值。的确，日语教学法与这些学科关系密切，但是，每门学科都有其独特的研究对象和研究任务、研究方法，有助于日语教学取得最佳效果的只有日语教学法。

有些教师尚未掌握日语教学理论，或者没有认真研究教学方法，对教学的认知来源于他的老师，在讲台上只能机械性地模仿自己的老师，属于感性认识、经验主义认识。这个模仿的方法是否符合教学目标，是否能保证教学质量，是否能达到预期效果是难以保证的。如何上好一门课，如何上好一堂课，不懂得教学法的教师很难科学地做出回答，那么这门课、这堂课的教学质量就可想而知了。

（三）对教学经验与教学法水平的认识存在误区

作为一门科学，教学法的理论来源于教学实践，来源于前人对教学经验的总结，教学法理论又接受教学实践的检验，教师学习教学法理论，必须将其应用到教学实践中才算是真正掌握。教学经验终究不等同于教学法理论，实践经验只有上升到理论高度才能指导实践，并且要经过实践的检验才可以称为科学理论。教师的教学活动是针对人的，学生不是实验品，不能用每届学生做实验，有责任心和教师道德的人不会把教学经验与教学法水平混为一谈。

（四）在处理教与学的关系上存在误区

有这样的教师，具有很高的日语水平，掌握一定的教学方法，有很强的责任心，希望他所教的学生都能学有所成。这也是一名优秀教师的标准。但是，在教学过程中，他总是担心学生学不会，讲授知识面面俱到，唯恐遗漏，认为学生只要跟随他的指挥棒就能学精、学好，所以总觉得课时不够，对学生的学习指导全神贯注于讲授，而忽视学生的主观能动性。把握不好"如何教学生学习"的问题，归根结底还是没有把握好"教与学"的关系，这样的教学很难调动学生的学习积极性，也不利于学生自主学习习惯的养成。

（五）对教师的主导作用及学生自主学习的认识存在误区

在强调自我学习、独立学习、终身学习的今天，在信息技术高度发达、知识获得方式不断增多的今天，学生的自主学习能力的确有所提高，但是，教师的作用依然不能忽视。随着高等教育改革的不断深入，对人才培养规格和质量的要求也在不断提高，日语专业人才培养从精英型、研究型转变为应用型、复合型。

这绝不意味着人才培养质量的下降，而是对学生专业能力的提高和知识领域的扩大提出了新的要求。在有限的课堂教学时间内完成更多的教学任务目标，意味着教师的有效学习指导必须达到新的高度，否则，学生靠自我摸索经验、死记硬背是难以完成学习任务的。因此，不能只重视提倡学生自主学习而忽视对教师指导学生学习的研究，不能忽视教师的作用。

（六）对教学法水平与口头表达能力的认识存在误区

口头表达能力强意味着教师能清楚表达自己的思想意图。良好的学科基础、良好的口头表达，是教学质量保证的必要条件。但是日语教学是研究日语教学过程的科学，研究对象包括复杂多变的人，不懂得教学规律、人的学习心理等，口头表达难得要领，难以把握教学的关键。所以口头表达能力强不是取得教学效果的唯一条件。

（七）对日语水平与教学法水平的认识存在误区

认为日语水平高，就一定能做好日语教学工作。日语水平是日语教学的前提基础和教学质量的保证，但是，不是所有会日语、日语知识丰富的人都能做合格的日语教师。例如，不是所有的日本人都擅长日语教学；精通日语的翻译家不一定懂得教学法，不一定是优秀的日语教师。可以肯定地说，外语水平高的教师不一定懂得教学法，教学水平也不一定高。

第二章 日语教学思维

第一节 日语与慕课教学思维

"慕课"（MOOC，Massive Open Online Course）是一种以信息网络作为教育媒介的群体性网络课程，它主要利用信息技术把课堂教学、知识传授、学习任务、课后作业、教学问题、学生与教师间的互动交流、教师对学生的评价等步骤、环节紧密地组合在一起。群体性、开放性、远程性、自由选择性是慕课教学的主要特点，而目前我国高等素质教育的特征是面向世界、面向未来，注重大学生群体素质建设，因此，慕课教学的特征与我国高等教育特征高度吻合，二者在我国高等教育体系建设中相互联系、相互辅助，推动我国高等教育体系快速转型。

一、慕课的兴起

慕课兴起于2011年，汇聚了世界顶级大学种类繁多的精品课资源。2011年秋斯坦福大学创办了Udacity，最初只局限于计算机和数学等领域；2012年4月哥伦比亚大学和普林斯顿大学等推出Coursera网络平台，主要使用英语，也有少数课程使用汉语、西班牙语、法语和意大利语等；

2012年5月哈佛大学和麻省理工学院联合推出了edX，其后全球上百所高校加入了edX。

在国内，2013年4月香港科技大学教授Naubahar Sharif（夏瑞夫）在Coursera开设了亚洲第一门慕课课程"中国的科学、科技与社会"；5月，清华大学成为第一个加盟edX的大陆高校；7月上海交通大学联合中国C9高校和部分"985"高校共同签署了《中国高水平大学"在线开放课程"共享协议》；8月台湾大学教授叶丙成开设了第一门以中文授课的慕课课程"概率"。仍然是在2013年4月，我国成立了东西部高校课程共享联盟，复旦大学、上海交通大学、重庆大学、中国人民大学、北京航空航天大学、北京理工大学、哈尔滨工业大学、四川大学、兰州大学等近70个成员单位加入。2015年末，东西部高校课程共享联盟年工作会议在北京大学举行，联盟理事长、北京大学副校长高松院士在会议上公布了一组数据，经过两年半的发展，联盟成员已经增加到93家，包括近30所"985"高校，和近70所"211"高校，目前已累计开设课程近200门，全国受益学校超过1000所，覆盖大学生人群1000万，已有近50万学生通过联盟课程获得了学分，累计有超过100万大学生修读了学分课程。

二、基于慕课的日语会话教学现状

从目前我国高等教育发展趋势来看，我国外语高等教育正处在历史变革的关键时期，大学生会话交流、语言应用能力的培养日益重要。日语专业会话课程通常是精品小班化授课模式，以25人左右的专业小班作为课堂组织主体，时间设定为90分钟。虽然小班模式的日语会话课程设计能体现出课堂教学的系统性、完整性和持续性，但固定的教学方式会降低学生日语会话练习的兴趣，不利于学生形成完整的日语认知架构，而慕课教学这一新型教学形式的出现改变了这种教学状态。

到目前为止，很多高校都将慕课作为英语教学的主要媒介，使用慕课作为英语教学工具的高校占高校总数的95%以上。而2016年果壳MOOC研究学院权威统计数据显示，在数以千计的慕课精品课程资源中，使用日语作为教学语言的课程只有27门，不足课程总数量的1/10；以日语作为教学语言培养学生日语应用能力的课程只有12门（日语会话课仅3门），这12门课程是远程学习中心开设的课程，并非高校联盟成员创办的。这表明，以日语作为教学媒介的语言应用类课程在慕课领域有着广阔的发展空间，因此，根据学生日语学习的现实需求，以慕课为教学工具构建完善、科学的课堂教学模式已成为当务之急。

三、基于慕课的日语会话教学模式构建的创新思路

在互联网情景中，虽然慕课具有传统教学模式不具备的优势，慕课的应用也会给高校传统日语会话教学模式带来影响，但慕课作为一种依托信息传媒工具发展形成的远程网络教育机制，在语言交互运用、对话情景塑造方面还有着一定的局限，不能完全取代传统的日语会话教学。为改变这一现状，有必要将慕课与传统日语课堂会话教学结合起来，各取所长，在发挥传统教学模式情景性、引导性的基础上，利用慕课软件整合线上教学资源，为学生塑造积极、活跃的课堂情景，进而构建完善的课堂教学体系。

在沿用传统教学方法的基础上，以慕课作为工具维度的教学模式调

整，实质上是一种关于日语会话课程教学模式创新的尝试，这种创新性的尝试应基于互联网工具、教师、学生三者共同构建。互联网工具应是对话素材、知识信息的来源，教师和学生可借助互联网工具搜索对话素材直接应用；教师应发挥"知识信息中转站"的作用，按照科学化的教学思路引导学生；学生应是知识信息的接受主体，在信息化情景中或与教师对话，或是借助慕课完成教学任务。值得注意的是，在慕课与传统教学方法相结合的日语会话教学模式的基础上，要注重教学任务的设置，即根据学生的日语会话水平科学合理布置教学任务。

四、基于慕课的日语会话课程教学模式的构建途径

（一）利用创新工具，完善课堂组织架构

众所周知，日语会话课堂与普通语言类课程最大的不同在于日语会话课堂以语言实践为主，是学生与学生之间、教师与学生之间进行对话交流的互动实践，课程主要以对话或角色扮演的方法完成，有着明显的动态性特征。所以，创新性工具的使用要突出群体性教学理念，即教师应以慕课网络作为课堂教学媒介，借助网络以音视频的方式向学生传递知识信息，进而扩大学生的认知来源。此外，要根据学生群体的学习特点，突出对话素材，引导学生主动从素材练习开始，不断深化语言认知，形成较强的语言交流能力。

（二）设置课堂教学目标，突出学生主体地位

日语会话教学是学生与教师互动交流的过程，是教师引导学生关注课堂知识的客观引导机制，教学目标的设置要具有"双向性"特点，即

教学目标不仅要体现课程目标，也要表现出教学情境目标，且目标的设置要尽可能细化，尽可能保持目标的引导性。为了实现课堂教学目标，教师要注重学生主观能动性的发挥，一方面，教师要利用慕课网络在课堂教学活动开始之前仔细搜集日语会话素材，设置课堂教学主题，让学生围绕教学主题展开交流探讨；另一方面，教师要根据学生学习的特点，利用慕课系统与学生进行对话、交流，让学生利用网络及时反馈学习成果，方便教师及时做出评价。

（三）创建慕课教学情景，塑造良好的教学氛围

日语会话课程教学取得良好效果的基础条件是教学情景的构建，优质的教学情景、良好的教学氛围可以让学生放松身心。第一，在教学过程中，教师要学会利用慕课工具选择一些与日语文化知识相关的问题或故事当作开场白，从具体事例的角度对学生进行引导。第二，针对学生学习的特点，教师要利用慕课资源构建个性化课堂，结合学生的认知模式调动学生的兴趣，以学生作为课堂教学主体，将多种教学方法，如信息化教学方法、情景化教学方法、实践性教学方法等融入课堂实践中，健全学生的认知模式。第三，教师要有目的、有选择地在课堂教学的不同环节设置教学问题，以问题为导向鼓励学生交流探讨。第四，在上课前或是上课后，教师最好以一些日文歌曲来活跃教学氛围，这样有助于学生在良好的氛围中形成自主性学习意识。

综上所述，基于慕课的日语会话课程课堂教学模式的构建，首先要了解慕课的教学特点及功能优势，然后结合学生日语学习特点，将传统形态的日语会话课程教学模式与慕课教学有机结合起来，最后通过设置

教学目标、创新课堂情景等方法健全课堂组织体系,活跃课堂氛围,促使学生在日语会话实践中形成较强的语言应用能力。

第二节 翻转课堂教学与微课日语教学思维

翻转课堂是在信息化环境中，课程教师提供以微视频为主要学习形式的学习资源，学生在课前完成对学习资源的学习，师生在课堂上一起完成作业答疑、协作探究和互动交流等活动的一种新型的教学模式。这一教学模式为教师与学生的互动互换角色提供了平台，使得在实际教学活动中，教师的教与学生的学处于平等的地位，教师成为学生学习的引导员，教师与学生成为"学习共同体"，共同进步。

一、翻转课堂概述

（一）翻转课堂与传统课堂的差异

传统教学模式下的课堂，80%以上的时间是教师在讲解，学生回答问题等发挥自主性学习的时间特别少。而翻转课堂则是一半以上的教学时间让学生自主参与，课堂变成了教师与学生之间、学生与学生之间关于所学知识互相交流、共同学习、答疑解惑的场所。可见，翻转课堂与死板的且不能发挥学生自主学习能力的传统教学模式相反，其教学模式是让学生事先预习，也就是课前学生要观看拟学习知识的视频，在课堂上通过讨论等方式，让学生积极参与教学，使学生兴趣盎然地掌握知识，提高课堂教学效果。

（二）翻转课堂的构成要素

翻转课堂由技术、流程和环境三个基本要素构成。技术要素以微视频为主导；流程要素是指"课前—课中—课后"教学活动的安排；环境要素以拥有智能诊断功能的学情分析系统为主导。

（三）翻转课堂的学习资源特点

举一个具体实例加以说明：在翻转课堂所用视频中，萨尔曼·汗的数学辅导教学视频最为突出。其特点主要表现为：第一，短小精悍。针对一个特定问题只有几分钟的视频，查找方便，适合发布，学生预先观看不会厌烦。第二，信息清晰明确。在萨尔曼·汗的视频中，只能看到他的手在不停地书写一些数学符号，一点一点地填满整个屏幕，而且有配合书写讲解的画外音。用萨尔曼·汗的话来说："这种方式，它似乎并不像我站在讲台上为你讲课，它让人感到贴心，就像我们同坐在一张桌子面前，一起学习，并把内容写在一张纸上。"可见，翻转课堂的教学视频信息清晰明确，视频中没有教师的头像身姿，不会出现教室里物品摆设的情景画面，有利于学生集中精力进行自主学习。

二、翻转课堂的演变历史

翻转课堂自产生以来发生了多次演变，主要表现为以下几方面：第一，学习场所转变为教学活动的全过程；第二，单一学习行为转变为含学生、教师、教学内容、媒体利用方式、教学环境等多因素的繁杂教育行为；第三，在线视频观看转变为以学生为中心在智能诊断系统支持下的多媒体环境；第四，信息技术的使用转变为学生自觉将信息技术与教学全过程相融合，从而唤醒学生课堂学习的主动性。

三、微课和翻转课堂

翻转课堂译自"Flipped Classroom"或"Inverted Classroom"，一般被称为"反转课堂式教学模式"。传统的教学模式是教师在课堂上讲课，布置家庭作业，让学生回家练习。与传统的教学模式不同，在翻转课堂教学中，学生在家完成知识的学习，而课堂变成教师答疑解惑和师生间互动的场所。在这种教学模式下，教师和学生的角色发生了变化，学生不再是知识的被动接受者，而成为主动的知识探究者，教师也由知识的传播者变成了学习的指导者和帮扶者，当学生遇到学习上的困难时可以在课堂上寻求教师的帮助，这也促进了教师与学生间的交流。

微课是指教师在课堂内外教育教学过程中围绕某个知识点（重点、难点、疑点）或技能等单一教学任务进行教学的一种教学方式，具有目标明确、针对性强和教学时间短的特点。微课的核心组成是课堂教学视频，还包含与该教学主题相关的教学设计、素材课件、教学反思、练习测试及学生反馈、教师点评等辅助性教学资源。由此可见，微课和翻转课堂是相辅相成的，微课是翻转课堂的必要元素，是为翻转课堂服务的。翻转课堂是微课呈现的重要载体。

四、几种常见的微课类型

微课的类型主要按照微课的内容进行分类，常见的微课类型包括以下几种：①知识讲授类。此类微课主要以知识点的讲授为特点，教师运用口头语言向学生传授知识。这是最常见、最主要的一种微课类型。②练习类。此类微课一般为教师收集某知识点的相关练习,然后通过讲解演示的方式向学生传授解题方法,引导学生发现方法,再准备一定量的习题帮助学生检验知识的掌握程度。③演示类。此类微课主要用录像的方式记录教师示范和操作的过程,学生通过观看微视频观察操作步骤及要点获得对知识的理性认识,并掌握具体实务操作技能。④实验类。此类微课一般使用录像将教师所做实验记录下来,学生通过观看微视频观察实验现象的变化,并从这些现象的变化中验证知识。

五、新形势下翻转课堂在日语教学中的应用

翻转课堂是一种新型教学模式。目前,其已成为笔者课堂教学的重要方式,并取得了良好的教学效果。

(一)日语教学中翻转课堂的特点

翻转课堂强调以"教师为主导,学生为主体"的双向互动教学。这一教学特点在日语教学中体现为:一是将语言知识的讲授融于语言实践互动活动中,充分考虑每个学生的个体差异,尽量想办法发挥学生在学习中的主观能动性,调动学生的学习积极性,积极参与课堂活动,建立教师与学生互动学习过程。二是课堂教学中始终围绕培养学生探索学习规律的能力,提高学生听说读写译的语言能力,培养学生分析问题、解决问题、实际运用日语的能力展开。三是在日语课堂教学中,教师充分考量学生的个人能力和兴趣因素,精心设计安排组织课堂活动;在合适的时机补充涉及日本社会现象、文化影响、历史背景方面的知识,营造

一个丰富多彩、生动活泼、感同身受的语言学习氛围；通过分角色进行模拟表演、知识演讲、模拟情景会话等方式引导学生进行语言实践运用，鼓励学生在设定语境下学习和灵活运用语言，提高语言综合运用能力和文化影响，提高学生学习积极性和主动参与热情，将日语知识学习与日语实际运用能力的提高紧密结合在一起。

（二）日语教学中翻转课堂的应用

在日语教学过程中使用翻转课堂模式，应做好以下几方面的工作：

（1）在课前，教师应根据授课内容和学生实际，确定教学重点和难点，并制作5分钟左右的微视频上传至学校平台网络共享。学生通过手机电脑等方式独立学习基本知识。在这一阶段，要求教师必须对即将学习的知识内容进行重点和难点的准确界定，提出问题要有深度，问题涉及的知识范围要有广度，知识设计要先易后难，循序渐进，以便引导学生自主学习知识。例如，在日本商务礼仪课程中，关于举止规范这部分内容的讲授中，教师应先给学生设立问题，让学生说出自己对于日本商务礼仪举止的了解，教师再在视频中展示日本商务礼仪举止视频，激发学生的学习兴趣。学生观看视频学习后，应将疑问和困惑通过微信、电邮、QQ等方式反馈给教师，教师根据学生的反馈情况制作上课教学课件。

（2）在课堂教学过程中，教师与学生之间的交流和学生与学生之间的交流要占课堂时间的一半以上。这就翻转了教师作为课堂主体的传统教学模式，课堂主体变更为学生，通过师生交流和生生交流，了解学生日语语言知识的掌握程度，并实施有针对性的指导；在教师指导下，组织建立学习小组，加强学生间的交流，组内设计特定学习讨论任务，要求学生在完成小组特定学习讨论任务时积极参与，尽自己能力完成任务，增加学生的课堂参与度，使知识掌握得更加牢固，且教师与学生之间的交流得以加强。

（3）在课堂教学结束后，教师可以与学生进行一次学术知识交流活动，通过交流来了解学生掌握知识的程度，及时帮助学生查缺补漏，以便学生更加牢固地掌握日语基础知识。例如：在交流活动中，基础知识掌握熟练的学生会积极主动与教师同学进行探讨，使全体学生都能够获取更多的知识和应用经验，从而使学生的基础知识得到进一步的巩固和提高。

总之，在大学日语教学中使用翻转课堂教学，教师要认真总结和深入探讨学生在课堂上的知识收获与缺漏，不断总结经验教训，以便在下一次教学中能够以翻转课堂教学带给学生更好的学习效果。

当然，翻转课堂也有其局限性。如，大学日语课堂教学中有巩固课、复习课、练习课、新授课、试卷讲评课、研究性学习课等多种课型，不同课型，教学重点难点不同。所有课型的授课都采用翻转课堂这一教学模式，会导致有些课型的教学任务无法按时完成，而且不利于教师准确把握教学重点难点，进而影响教学效果。因此，教师要根据课程内容和课型选择恰当的教学方式，避免进入翻转课堂教学使用误区。

随着各高校校园网和局域网的建立，学生拥有了方便实用的网络学习条件，翻转课堂教学可以选用题材广泛、内容丰富且体裁多样的语言语料库材料，实现课程内容知识性和趣味性的融合。翻转课堂教学过程中，重视学生主体性的发挥，调动学生学习积极性，学生自主参与学习过程，使"以学生为中心"的建构主义理论精髓深入到日语教学之中，可以有效促进大学日语的教学改革。

六、微课在日语教学中的应用

（一）微课适用的日语课程

日语专业学习者学习的专业知识内容涉猎广泛，专业课程门类众多，但并非所有的知识点和课程都适合做成微课。从日语学科的特点来看，日语专业课程多适合制作成知识讲授类微课和练习类微课。例如语法类课程中的日语授受表达，被动语态，敬语，相似词汇、语法的辨析，文学文化类课程中的文化现象的解释，不同文学流派的比较，各类商务日语文书的写法等内容都可以采用知识讲授型微课。此外，还可以制作演示型微课来拓展学生的知识面，例如日文输入法的使用、日本浴衣的穿法、日本寿司的制作方法等。

（二）微课应用的教学环节

在翻转课堂教学中，学生学习知识主要在课外，因此，课前和课后成为学生自主学习的时间。微课视频的最大特点是短小精悍、简单易懂，是十分宜于学生自主学习的教学资源。根据日语学科的特点，笔者认为微课可以应用于以下几个方面。

1. **课前预习部分**

（1）课前复习和新课导入。在学习新课之前，一般会复习已学内容，课前复习可根据学生已有的知识基础和新知识所需的衔接知识点制作微课，让学生在巩固已学知识的同时，为新课程做好准备。新课程导入环节，教师可以根据新课程知识点的内容，制作可以和新课内容衔接起来的微课，以吸引学生的注意力，为新课的讲解做好铺垫。

（2）难点讲解。由于日语的语法体系和中文有很大不同，在日语学习中，有很多学习者难以弄懂，或者经常弄错的语法知识点，例如日语的授受表达、被动语态、敬语表达等，对这类日语学习中的重点、难点、易错点，可制作微视频引导学生探究规律。

（3）词汇语法辨析。日语里有很多意义用法类似的词汇、语法和概念等，如果学习到与已学知识相似的知识点，学生很有可能会产生"这和过去所学的某个相似的知识点有什么异同"这样的疑问，教师可以制作对此类相似知识点进行详细说明的微课，在帮助学生很好地掌握新学知识的同时，帮助他们复习已学知识，加深对知识的理解。

2. 课后总结拓展部分

（1）知识的归纳总结。教师制作微课对本节知识进行归纳总结，帮助学生把新学内容和已学知识串联起来，把知识的框架向学生清楚地展示出来。对于学生在课堂中没有弄懂或是掌握的知识点，可以在课后通过回顾微课的方式，加深其对这部分知识的理解记忆。

（2）巩固练习。教师可设计与本节知识点相关的习题制作成微课，用于巩固本节知识。例如学习完日语的自他动词后，可以制作微课练习来测试学生的掌握程度。

（3）知识能力拓展。拓展学生学习范围，引导学生总结本节重点及规律，让学生将知识纳入已有的知识体系。可设计一些与本节课相关知识点的微视频，例如，在学习完日语的授受表达之后，可以制作微视频介绍授受表达背后所隐藏的日本人的恩惠意识，让学生在学习语言知识的同时了解日本的社会和文化，突破课堂教学的局限性，开阔学生的视野。

七、微课应用的思考

作为翻转课堂教学中重要的一环，微课的应用对教学效果的影响深远。合理恰当地应用微课提升教学效率，应注意以下几点。

（一）微课中教师的作用

作为翻转课堂顺利实现的主要依托，微课的作用和地位不言而喻，但微课的应用并不意味着弱化教师的作用，在微课应用之外，教师还需要进行精心的准备，用课堂上的时间来帮助学生内化知识，真正做到因材施教。另外，在学生使用微课的过程中，教师的点拨至关重要，学生观看微课只能停留在"知道""理解"的能力层次上，教师在适当的地方进行讲解与点拨，可以使学生观看微课后不仅仅停留在"识记"的学习层次上，还可以运用该知识点分析实际问题。

（二）微课与传统教学

微课在有限的时间内对一个主题，通过视频的形式进行了全面深入的阐述，它短小精悍，便于学生接受。但微课不是一门课程的教学，一节微课只讲授一个知识点，而传统的课堂会传授给学生各种知识，更注重知识的连贯性和整体性，如果把传统的课堂比作正餐的话，微课就像一份快餐，它是教学方法的一种创新，是常规授课的一种很好的辅助，但不能完全取代传统意义的课堂教学。教师应该把微课和传统教学有效结合起来，最大限度地发挥其教学作用。

（三）微课的设计和开发对微课应用的意义

作为翻转课堂实施的重要因素，微课实际应用的情况关系着翻转课堂教学能否顺利实施，而微课应用的效果有赖于前期的微课开发，这需要建立起一个微课制作团队，通过科学分析和设计，制作出科学的、可以帮助学生解决学习难题的、生动有趣的微课。微课的设计和开发是个庞大的工程，但这项工作的开展对教学改革的作用是不可估量的。

以上对微课在日语专业教学中的应用进行了探讨，日语学科由于知识点众多，学习内容的人文属性较强，较适合应用以语言传递信息为主的微课进行教学。在如今学习时间碎片化、移动化的信息时代，以短小精练为主要特点的微课满足了人们利用微小的时间掌握某一个知识点的需求，在教学中使用微课能够提升教学效率。微课可以应用于日语教学中的众多环节，在推进课程改革、落实学生课堂主体地位的大背景下，微课应与翻转课堂这种新型的教学模式相结合，实现教学效果的最优化。

第三节　以学生为中心的日语教学思维

在全球经济一体化不断深入的大背景下，中日经贸关系密切，文化交往活动频繁，人才需求的变化对日语人才培养的要求也随之发生了变化。企业需要的日语人才既要具备良好的外语能力，又要有熟练的实践应用能力，即语用能力和行为能力双优的复合型人才。因此，日语教育已不再是单纯的语言教学，而是一种理论和实践相结合的综合性教育。

一、课程定位及教学内容改革

《基础日语课程》是为日语专业一、二年级开设的专业基础课，它包括语言能力和交际能力两个方面的培养和训练。其主要目的是通过传授系统的语言基础知识（语音、语法、词汇、篇章结构、语言功能等），对学生进行严格的基本语言技能（听、说、读、写、译）训练，培养学生初步运用日语进行交际的能力。同时指导学生的学习方法，培养学生逻辑思维能力和独立工作能力，丰富文化知识，为进一步学习日语打下语言基础。

（一）精选基本内容，增加实用性强的知识

针对外语学习实用性强的特点，在课程内容设置上，倾向于选择与实际生活密切相关的教学内容，改革原有的陈旧、与实践脱轨的教学模式和内容。做到内容新颖、方法多样、实用而具有现代气息，这样有助于提高学生的积极性，增强学习兴趣。

（二）增加社会、文化方面的知识，突显专业特色

为了培养学生综合运用能力，在掌握语言知识的基础上，适当增加社会、文化方面的知识，让学生充分把握语言的使用场合和使用方法。在教学内容上，我们还适当增加经贸、实务等方面的知识，突出本专业特色，贴近学生实际，激发学生学习的热情。

（三）紧密联系实际，不断更新和完善教学内容

随着社会的日新月异的发展，语言也是在不断地更新、变化。因此我们在教学过程中除了书本中的基本内容外，也注重增加一些与时俱进的新颖内容，将信息同步地传达给学生，从而扩充学生的知识面，开阔他们的视野。

二、以学生为中心的日语教学模式改革实施

在班级里采取阶段教学，对于日语学习层次高，并且自主学习的学生，基本采取学生自学为主，点播辅助教学的手段。给予他们更充分的时间，同时定期检查学生的学习进度和学习效果。而对于大多数零基础的学生，应耐心地教导，教学相辅。同时采取帮扶的方式，让有日语基础的学生辅助教学，形成立体式的教学。具体方法如下：

（1）假名的学习：学生要学习日语，首先接触的便是假名。日语假名类似于汉语中的汉语拼音，可以说不会假名，日语教学就无法展开。对于刚刚接触日语的学生，对于这种表音符号十分困惑，为此教师采取了同汉语拼音类比的方法，减削学生对假名的陌生感。同时，假名背诵起来也十分枯燥无味。所以，教师采取了假名单词同时背诵的方法。将

一节课分成两部分，首先由教师先对本课的假名进行讲解，然后举出含有对应假名的单词，对学生进行打乱练习，强化记忆。这是一个长期的过程，即使在之后的教学中都贯穿始终。

（2）日语发音的练习：对于说惯了汉语和英语的学生，日语的发音完全是一个崭新的领域。日语的发音较为平板，且口型较小，语速较快。为了训练学生的发音，教师在初期配合了一些日语的绕口令，并且在课堂学生阅读时，进行语音的纠正。这需要学生长期的训练及模仿，非一朝一夕之功，所以教师将在以后的训练中加大学生的听度练习。在进行了一段时间的日语学习之后，教师又给学生推荐了一款日语配音软件。学生通过反复的听说，达到口语和听力的双重练习，并且在配音的过程中学习了更多的新单词，为本来枯燥的口语和听力学习增添了很多兴趣。

（3）互换角色：为了打破传统的教师讲，学生听的模式，充分调动学生的主动性，教师会经常跟学生互换角色。事先给学生布置预习作业，然后在课堂上与学生互换位置，让学生充当讲解的老师，而在学生讲解有疏漏和不足时，给予点拨讲解。借此加强学生的学习主动性和趣味性，更培养学生在众人面前说话的能力。

（4）角色扮演：对于每课的应用课文，教师采取让学生角色扮演的方法，分角色对课文中的情景进行再现。这样有利于学生在背诵课文的同时，减少枯燥乏味的情绪，调动积极性。

（5）日语配音：利用配音软件，让学生自己选取感兴趣并且难度适中的片段进行配音。并且由教师进行整理，将学生的配音作品进行评比。这样有利于激发学生的学习兴趣，并且易于使学生拥有成就感。

（6）课堂考试：经常进行课堂测试，作为平时成绩的参考。对每课的单词、语法进行考核。并且教师大胆尝试了让学生轮流进行批卷。这样，一份卷子反复看十遍以上，会大大加深批卷学生对考试内容的记忆。

（7）课堂游戏：采取一些游戏的形式，强化单词的记忆。比如顶针游戏，每个同学都要以上一名同学所说的最后一个假名为开头，接龙单词。一般这样的游戏都是在学生注意力普遍无法集中时使用，成效明显。

（8）知识点整理：随着学习的知识越来越多，学生掌握的也越来越多，在此期间有些相通相近的知识点，学生容易记混。为此，教师会帮助学生归纳总结一些相近或可以归类记忆的知识点，使学生将杂糅的知识点分类记忆，提高学习效率。

三、转变教师角色，构建以学生为主体的教学模式

（一）角色定位

有人说讲课就是教师在课堂上的表演。教师扮演的角色是主持人、演员、厨师、朋友。以往的"照本宣科"式的教学模式已经不能适应当今社会的人才培养需要，教师也不再是一个人"作战"，而是一个引导者，组织和指导学生共同发现问题、解决问题。因此，如何将"表演"变成"导演"是我们大学教师应该思考的问题。

结合在日本教学现场的执教经验及我国现阶段日语学习者所存在的听说能力低下的问题，笔者认为日语课堂的引导者即教师，首先应加强

自身的学习，一般在日语入门阶段之后，课堂语言应尽量做到是全日文授课，教学内容要与时俱进，因为我们所面对的是90后的新时代群体，用原有老套的教学模式，并不能吸引他们，很难调动学生参与课堂活动的积极性。因此，在单词及语法讲解时，所列举的例文需经过仔细考量，不仅符合语法规范，还要能与学生的生活密切相关。

（二）构建以学生为主体的多样化教学模式

1. 探索多样化的教学手段和教学方法

要上好一门课，教师还要采用各种教学手段和方法，配合着教学语调、手势等解释要点，尤其是在外语课堂教学中这一环节非常重要。我们倡导外语教学采用直接法，即外语进外语出，也就是说很少使用母语，直接用外语授课。这种方法实施的难度就是教师如何使用适当的教学技能和方法将新内容传授给学生。在这一过程中，教师就要做一名合格的演员，不仅可以吸引学生的注意力，还能有效地将要表达的意思演绎出来。

在《基础日语教程》实践教学中，为突显外语教学特点，应更多采用启发式教学、场景式教学、学生主导式教学等全新的教学方法。针对学生个体的多样性特点，适当采用多媒体和网络教学等灵活多样的教学手段，将音声、图片、影像等多种形式运用到课堂中，丰富教学内容，同时适当运用网络同步的教学手段，将日本新闻中热点问题与课程内容相结合，进行分组讨论，集中发表。这种研究性学习方式不仅有助于培养学生阅读能力、口头发表能力、分析问题、解决问题的综合能力，还能调动学习的积极性、主动性，真正成为课堂的"主人"。

2. 提高教学技能，丰富课堂活动

教学技能包含演示技能和互动技能两方面。演示技能即感官性聚焦、案例公式呈现、实物教具展示。在基础日语教学中常被应用的是感官性聚焦技能（即使用一些刺激物，如图片、模型、幻灯片、在黑板上写信息等方式，保持学生的注意力）和实物教具展示技能。互动技能方面主要表现为：表达热情；表达关怀；激励学生；寻求共鸣；监控；提问；组织活动；反馈点评；幽默；培养批判性思维。其中的后两项是我们很多课程中多欠缺的。"幽默"是指使用有趣的行为语言，产生活跃气氛、引发笑声的效果。虽然有时也会采用其他方式来活跃课堂气氛，但是怎样使用幽默还是有些难度，所以在今后的教学中应该多学习一些能产生幽默效果的语言和行为方式来完善课堂教学。"培养批判性思维"是指培养学生勇于质疑他人观点的能力。这一方面，学生还处于被动状态，未能就一个问题进行辩论式探讨，今后在《基础日语课程》中应结合学科内容将此互动技能应用到课堂中，从而培养学生的应用和创新能力。

其次，丰富课堂活动方面，笔者在《基础日语课程》教学中借鉴在日研修期间习得的日本语言教学模式，试结合学生多样性的特点展开以学生为主体的教学模式探索。将以前的应试教学与应用型教学有效地结合在一起，采用启发式教学，把课堂还给学生，通过课前演讲，师生互动问答的形式激发学生参与课堂的兴趣和创新能力，收到很好的效果。以2012级学生为例，大二上半学期课前增加5~10分钟的日语演讲活动。首先，给出一些学生比较感兴趣的演讲话题，自拟题目撰写演讲稿（小作文）。其次，建议学生在演讲时采用多种形式。通过示范和引导，多数学生采用了多媒体手段，结合所讲内容事先做好PPT课件，在此过程中，锻炼了学生计算机办公软件的操作能力和资料搜集能力。还有的同学发挥自己的专长，用手绘画及舞蹈等多种形式进行演绎，有助于培养学生的创新能力。而下半学期则侧重培养学生的跨文化交际能力。课前活动形式转变为介绍日本节化。通过一年的课前活动，使课堂气氛更加活跃，学生的主动性也有明显提高，使每个人都能尝试当课堂主人的感觉，积极参与课堂活动。与此同时还积极引导学生进行讨论式学习，借鉴日本的研讨式教学方法，这样更有助于我们推进启发式、讨论式教学和研究性学习。

  由此可见，教学改革核心是课程，重点是方法，关键是教师。基础日语教学模式改革主要方向是把课堂交给学生，把灌注变为求知。通过有效的教学模式改革，形成"以教师为主导，以学生为主体，以能力为主线，以育人为主旨"的教学模式，使学生能够在教师的引导下真正地参与到课堂，通过丰富的课堂活动使学生释放出巨大的学习潜能，提高听说读写译的应用能力，激发学生的创新精神和实践能力，培养出具有跨文化交际能力的外向型、复合型、创新型、应用型的高级日语人才。

第四节 "互联网+"多元化日语教学思维

21世纪的今天，信息化技术在教育领域中进一步深化，"互联网+教育"更为高校教育积极探索多元化教学模式提供了可能。高校零起点"互联网+"多元化日语教学新模式可以按照如下流程构建：准备阶段，包括在线资源整合、电子课件制作、微课视频录制、互动平台发布；实施阶段，包括学生自主学习、生生交流答疑、课堂小组发表和课后作业完成；评价阶段，包括教师评价、学生评价和小组评价。

21世纪的今天，信息化技术已经渗透到社会的各个方面，可以看出教育领域中的信息化变革正在进一步深化之中。在十二届全国人大三次会议政府工作报告中提出的"互联网+"为现代大学教育的发展方向指明了方向。"互联网+教育"使高校教育的生态环境得到改善，使高校传统教育焕发出新的活力，为积极探索多元化教学模式提供了可能。

一、现有理工院校日语教学的特点

众所周知，当今高等教育以培养具有综合素质的创新人才为目标，特别是理工科院校，更是注重对学生创新和实践能力的培养。而高校日语专业教学是从零起点开始的，相对于英语专业，学生在有限的时间内需要学习的内容更多，同时，理工科院校的日语专业学生又有着自己的特点：

（1）理工院校日语专业的学生大多是理科学生，在语言学习上并不擅长，且对于语言学习的积极性并不高，学生在学习日语的时候往往会感觉力不从心，学习效率较为低下。

（2）为了适应应用型大学的教育特色，在学分设置上大多高校不断增加实践教学学分，减少课堂教学学时。这直接导致日语专业出现学时不足，教学内容无法保质保量完成，教学方法单一，教学效果难以提升等问题。

（3）随着网络技术的普及和发展，在教学中使用多媒体技术、整合网络资源进行学科教学得到普及，然而，从网络资源的利用情况来看，目前还存在着很多问题：学生对网络平台的使用集中在QQ、微信等，对其他的网络平台使用率低；在网络学习资源的利用上，存在着盲目利用的现象，如学生倾向于使用百度文库、优酷等网站资源，而忽视了网络日语试听、阅读和在线词典等专业网络学习资源的使用。

"互联网+教育"给理工院校日语专业教师提供了丰富的资源，为日语多元化教学模式提供了选择的可能。可以利用"互联网+"所提供的庞大信息资源对教学内容进行补充，优化课内，强化课外，改变枯燥的传统课堂，实现全新课内课外的结合，引导学生发挥自主能动性，开展自我学习。

二、"互联网+"多元化日语教学模式探析

（一）"互联网+"多元化日语教学模式设计

综合日语课程作为零起点日语专业的核心课程，是集语言学习的听、说、读、写、译等多种技能于一身的综合课程。因此，要想在有限的学

时内达到教学目标，更需要借助网络资源、课堂综合运用等方式把课堂内外结合起来。本节结合笔者所在理工院校的实际情况，尝试结合"互联网+"的交互性特点，设计综合日语教学模式。相对于传统的网络资源平台的单一性，"互联网+"教育视域下的教学模式依托优秀的网络资源以及最新的多媒体技术手段，通过使用移动设备（智能手机、平板电脑、笔记本电脑），实现随时随地的移动学习。

首先，要求学生课前充分预习。教师通过微信或QQ等通信软件，将事先整合好的网络资源及微课视频发送给学生，同时布置课堂小组活动任务。学生通过课下的碎片化时间提前预习知识点，同时在交流平台上把自己预习时遇到的问题以留言或者实时交流的方式与教师和同学交流、解答。其次，课上教师可以就学生课前交流时所遇到的共性问题进行解答，同时以个性化和小组合作的学习方式促进学生对知识点的深度运用。最后，教师根据课堂反馈在课后布置有针对性的实践作业，同时要求学生发布到交流平台。借助交流平台的共享和互动的特性，可以进一步深化教师引导、生生互改、生生讨论等多样化的互动教学方式。

（二）"互联网+"多元化日语教学流程设计

1. 教学准备阶段

目前，国内有一些成熟完善且评价较高的日语学习网站。这些网站上不仅有丰富的学习资源，包括在线词典、考级词汇及语法、会话音视频、读解听力材料以及大量的在线新闻和练习等，还能够做到实时更新，为日语学习者提供具有时代感的生动的语言和前沿的日本节化资讯。需要注意的是，因为内容丰富，学生常常把时间浪费在浏览、选择上。因此，教师需要根据教学实际，有目的地筛选和取舍，引导学生进行自主学习，使之真正对课堂教学起到辅助作用。此外，教师应提高信息化的教学能力，将课堂教学延伸到课外，可以制作电子课件，录制微课视频，以节省课堂教学时间，有效完成教学中重难点的讲解。

以"互联网+"为依托的教学准备，打破了传统教学的时间和空间，有效补充了教学时间，同时也极大地促进了教师教学水平的提升，促进了教学团队的建设。

2. 教学实施阶段

布鲁姆曾说过，"成功的外语课堂教学应当在课内创设更多的情境，让学生有机会运用已学到的语言材料"。理工高校日语零起点、课时少等特点更需要日语教学从理论教学转化为实践教学。

通过自主学习和QQ、微信等平台的交流和讨论，大多数学生能够在课前掌握基本的语法知识点，并在此基础上以个体或者小组的形式完成教师布置的课堂任务。在前期的课堂准备及学生反馈的基础上，教师结合翻转课堂和任务式教学理念设计课堂教学活动，以重点点评的方式解答分享平台上的疑难点，引导学生综合运用语言应用能力进行口语交流。

无疑，在以"互联网+"为依托的教学活动中，学生将成为课堂活动的积极参与者和完成者，而教师则成为课堂活动的组织者和监督者。这样的课堂教学，不仅实现了以学生为主体的课堂教学模式，同时通过课堂内外的联动又能为学生提供口语交际平台，实现理工院校日语教学理论与实践的完美结合。

3. 教学评价阶段

相对于传统的考试考核体系而言，以"互联网+"为依托的日语教学评价体系更能全面反馈学生的综合语言应用能力。根据学生在共享信息平台参与情况以及课堂教学活动中的表现，采取教学评价、学生互评、小组互评等多元化的评价方式，适当增加平时成绩的比重，能够激发学生学习兴趣，提高学生开展学习的主动性。

综上所述，"互联网+"多元化日语教学模式能借助互联网平台，使学生利用碎片化时间随时随地地学习，提高理工科学生的日语学习主动性；通过共享平台加强与学生的交流，引导学生开展自主学习、合作式学习，补齐理工科院校日语教学课时少的短板。"互联网+"时代，机遇与挑战共存，"互联网+"多元化日语教学模式既给高校日语教师和学生带来了机遇，又给高校日语教师和学生带来了新的挑战。如何引导学生正确利用互联网？如何在使用互联网的过程中加强自我管理？这是值得我们长期研究的课题。

第五节　移动学习终端与日语教学思维

当今大学校园里，智能手机、平板电脑几乎成为人手必备的通信工具，基于这样的高普及率和方便实用性，如果能够建立一种教学模式，实现师生互动学习，对于日语学习来说是一项有益的尝试。

移动终端教学指的是运用移动网络技术、通信技术，通过科技终端，实现随时随地可学习的一种碎片化学习方式。移动学习具有便携性、个性化、实时性、交互性等特点。移动学习能够极大地发挥学习者的主观能动性，培养学习者强烈的学习动机和浓厚的学习兴趣。

一、移动学习终端应用于日语教学的可行性

（一）移动学习终端在学生中的普及

大学校园里，智能手机、平板电脑除了作为人与人之间传递情感、沟通交流的工具外，在课下"自主学习"过程中也起到了举足轻重的作用。

（二）移动学习终端在教学上的优势

1. 传统教学的利与弊

作为非专业课的大学日语课程，在传统教学模式中，学习资源均以纸质教材为媒介，知识点以板书的形式呈现，授课形式是课堂教学中常用的"一对多"讲授式。多年以来，这种教学模式在日语学习中还是有

其必要性和不可替代性的。一方面，从发音开始讲授的基础知识部分，学生与教师近距离接触，有利于教师第一时间纠正学生的错误发音，时效性较强。另一方面，在多次修改教学大纲后，大学日语的课程缩减到三个学期，要在短时间内学完初级日语上册和下册的全部内容，就要对教材内容有所取舍。如何取又怎样舍，这个问题只有在课堂教学过程中，根据学生的真实反应定夺。现今信息技术高度发达，教学模式不断创新，传统课堂教学难免有些跟不上形势。

2.利用移动终端学习的优势

变"被动学习"为"主动学习"，要从能够让学生"主动"的切入点着手，培养学生的兴趣，找到师生的共通点。移动终端设备便是信息技术背景下集"天时、地利、人和"为一体的时代产物。其一，移动终端设备的便携性。移动设备具有体积小、可随身携带、不受时间和地点限制、屏幕分辨率高、支持文本和动画、可播放视频及音频、可安装软件、可发送语音和视频信息等诸多优点，可以满足学生随时随地查询和学习的需要。而学生在利用手机查询的过程中，又实现了从"被动学习"向"主动学习"的转变。其二，利用移动终端学习的实时性。利用移动终端设备学习，可以随时随地查找生词、语法，获得最新的知识和前沿动态，从而弥补纸质教材内容陈旧、更新较慢的缺陷，做到与时俱进。其三，基于移动终端教学的个性化。如今市面上学习日语的软件有数十种之多，每种软件都有自己的独到之处，学生在完成课堂学习的同时，可自行在手机中选择满意的App进行补充学习和温故知新，既突出重点又体现个性。其四，移动终端学习的互动性。只要有网络覆盖的地方，教师就可以利用智能手机这样的移动终端与学生建立"群"的联系，随时发布消息、分配任务，另外在情景教学方面也能为学习者提供高效的服务。

二、基于移动终端的教学模式

（一）信息交互式学习模式

目前网络上的沟通平台很多，在开展整体授课前，由教师创建群，并且作为群的管理者，每次上课前，在微信群里发布学习任务，由学生自行查阅学习资料或上网浏览得到答案，课堂上做总结和梳理。其优点在于：①学生课堂上往往因过于紧张不能好好思考或回答问题，通过群与学生建立联系，提前分配任务，给学生充足的思考时间，降低挫败感，提升成就感，为学生营造宽松的氛围，从而提高其学习热情。②学生有疑问也可以在群里联系或私信教师得到解答，真正做到因人而异，因材施教。

（二）基于浏览器下的外语查询学习模式

我国教育改革开始至今，从培养学生"学会"到培养学生"会学"，取得了长足进步。当代大学生的"学习力"日益增强，学生对于知识的渴求不仅限于纸质教材中的课程安排，更多学生有日语等级考试或出国留学或"想要学得更多、更好"的要求。在这样的"自我学习"模式下，对课外知识的汲取成为学生的迫切需求，移动终端设备，尤其是智能手机，是学生首选的学习手段。"自主学习"过程中，遇到难题时，可第一时间浏览服务器，找到答案，省时，省力，高效，使学习有序进行。

（三）基于可视通话交互的学习模式

大学日语作为一门基础语言学科，要完成的教学目标有：①基础知识。②听、说、读、写的基本技能。③实际运用能力。④社会文化知识。⑤文化理解力。⑥日语学习策略。⑦日语综合运用能力。⑧跨文化交际能力。⑨用日语完成各种任务。⑩综合文化素养。外语的学习要以"听"为起点，以"说"为途径，以"读"为媒介，以"写"为提高，以"译"为目标学习。作为第二外语的大学日语课程，与专业日语相比，课时少、任务重是目前面临的难题。为培养学生听、说、读、写、译的能力，除课堂教学外，教师利用课余时间，建立日语聊天群，定期展开热点讨论，答疑解惑，也可邀请日语外教参与视频，并实现多人同时视频通话，让学生听到最地道的日语，得到最满意的答复。这样可实现以下目标：①增强师生互动，拉近与学生的关系，建立深厚的信任和高涨的学习热情。②摆脱哑巴日语的局面，做到学有所用。③加快学习进度、拓宽知识面，更好地贯彻新版教学大纲的指导思想，培养更加优秀的外语人才。④实现学习资源共享，教师与学生共同进步。

三、对移动终端学习软件的要求及展望

目前学习者对市场上的 App 有以下意见：①收费过高。②讲解不全面。③不够生动，很多语法就是语言点的罗列。④连贯性较差。⑤整体性不强。鉴于以上问题，亟需一款适合自主学习，性价比较高的日语学习 App，其内容设计要做到以下几方面：第一，模块设计科学系统。由于日语专业的学生有其充足的理论学习时间（专业课时较长）、合理

的课程安排（包括精读、会话、听说、写作等全课程）、人数众多的外教（日语专业会按照学生人数配比日本教师）、丰富的图书馆藏（我国各高校的日语专业均建有自己的日语图书馆，以方便师生查阅文献）、专业教室及日语角等有利的外围教学硬件，对日语学习App的需要度并不高。恰恰是学习第二外语或业余爱好者会将注意力放在各类学习软件上。一个好的App在每一课应该区分出若干区域。例如：单词板块、课文板块、习题板块、情景对话板块、关联知识板块等，合理布局学习内容，以方便学习者有针对性的学习。第二，精致度与画面感二位一体。学习界面的画质、创意、格局、内容分配，都要做精心的策划，不能单纯地罗列语法或照搬教科书。而如何做到精致，则需要软件编写者与美工积极配合，还需要大量的市场调研和走访，听取试用者的意见和建议。第三，关联性与整合性缺一不可。语言知识是一个系统的整体，每一次课的结束是下一次课的开始，要循序渐进地开展课程设计。此外，随着学习难度的加大，后期需要掌握的语言点越来越多，而学生的后期记忆也会出现断层，如果是传统的课堂教学，教师可以做回顾和梳理，带领学生温故知新。在App中，为了弥补不能"温故"的缺陷，可以使用超链接，新知识中如果穿插着旧知识，通过简单的手指触屏即可查询加以巩固。第四，趣味性与知识性高度相关。手机App毕竟不是必修课，没有授课计划，没有课堂教学。学习者只有对软件产生兴趣才能持续使用，并不断加大学习难度。如何做到趣味性，则是难点和重点。笔者认为，可以在App中加入动画、动漫、精美图片及有声视频，并且可以加入一些趣味知识，以开拓学习者眼界，了解日本节化的方方面面。

  期待在今后的大学日语课程中，能够切实用到更好的日语学习软件作有效的教辅，力求更完美地完成教学目标，培养优秀的日语人才。

第六节　输入理论与二外日语教学思维

　　随着中日两国经贸和文化交流迅猛发展，来华开拓商机的中小型日企，以及从事对日业务的国内企业数量呈快速增长趋势，例如上海外资企业中日本企业占比近 60%，超过 6000 家。企业急需大量日语交流和翻译人才，更有很多企业为应届生打开了出国工作的大门。此外，两国在旅游、文化交流等领域的互动也日益加深，越来越多的学生选择日语作为主修或辅修的外语。但是日语的教学环境与英语相比要差很多，无论是语言输入还是练习机会都十分有限。外语学习过程中必须保证充分可理解的语言输入，从而促使学习者对所学语言产生持续深刻的理性认知。语言学家克拉申（Krashen）的输入理论是研究外语学习的重要理论之一，本节将基于该理论分析日语教学中存在的问题及教学模式的创新。

一、外语学习的"输入假设"理论

　　外语学习因语言环境、投入时间以及学习者个人认知习惯不同，学习的策略和进度也各有差异。但有一条规律是被普遍遵循的，即学习者必须接受适量且符合其学习能力的语言输入，这条规律为众多语言学家的研究观察所证实。例如哈次和瓦格勒-高对个案学习外语的成功和失败原因进行分析，发现进步的学生获得了足够的与其语言能力相适应的语言输入，而不成功的学习者接收的语言输入大多是复杂且超出其语言能力的输入；我国著名外语教学法研究专家李冠仪教授基于其 50 多年的教学经验总结得出的心得是：在有限的篇幅内融入充分的、符合学习者当时语言能力的语言输入量，以保证学生获得足够的感性材料。而最早引起广泛重视的输入学理论是克拉申的"输入假设"。

"输入假设"的理论依据来源于儿童学习母语的实践研究，克拉申将母亲教授儿童的语言称为"照顾者语言"，"照顾者语言"具有的几个特征是：照顾者说话的动机是被听懂，例如父母对小孩说话，是为了让小孩了解自己在具体在表达什么，指向什么，希望得到怎样的应答，而不是灌输语言本身的相关知识和技能；照顾者在与被照顾者讨论的一般是当下具体的对象，不会过多涉及超出被照顾者认知和理解范围的对象。但照顾者会根据被照顾者认知水平的提升，逐渐扩展语言输入的范围；此外照顾者与被照顾者之间对话的语言结构比成人之间对话要简单很多，但对话的频率相对更高。"照顾者语言"的特征与输入假设的印证点在于：照顾者根据被调整语言输入的内容、结构和频率，使之与照顾者的语言能力和认知水平相接近，即提供充足的可理解的语言输入，也穿插了下一阶段需要学习和认知的内容。

克拉申的"输入理论"中定义的理想输入应具备可理解性、相关且有趣、非固定语法模式以及足够但适宜的输入量四个特征。可理解的输入材料是被习得的必要条件，不可理解的语言输入无法与现有语言认知融会贯通，强加的印记存在时间极其短暂，甚至只是一种干扰和噪声；输入的语言的关联性越强、趣味性越强，就更能激发学习者的兴趣，因此需要对输入材料的内容和形式进行加工处理；语言学习最终目标是掌握使用语言的技能，而语言的使用没有固定的范式，因此语言习得关键在于保障充足的可理解输入材料,而不是按照语法安排死板的教学内容;最后,输入量必须充分且适量,在真正习得语言之前,需要经过反复和不同场景下的练习。

二、外日语教学存在的主要问题

根据"输入假设"理论分析二外日语教学,存在的问题主要有以下几个方面:

日语语言环境欠缺导致语言教学可理解性不高。缺乏良好的语言环境是小语种教学普遍面临的困境,日语教学也不例外,学生在学习和使用时缺少本土气息的氛围。日语教师绝大多数是中方老师,汉语教学在授课中经常出现,尽管很多学校和老师已经意识到沉浸式教学的重要性,逐渐尽可能地使用日语授课。但由于教学过程还停留在书面化的传统阶段,无论是教师授课还是课堂活动都过于形式化和编排化,因此这种教学和互动本身就需要经过复杂的思考和"刻录",才能在短暂的联系中表达出来,与实际自然理解和交流存在本质区别。此外,围绕"教材"进行的教学,严重制约了学习者对日语相关知识的拓展,学生缺乏对语境的理解,包括社会、文化背景等。因此学生对日语的认识和使用是机械化和程序式的,没有养成日语思维,在实际交流中容易紧张,严重影响进一步的学习。

教学内容和活动关联性和趣味性不强。尽管日语教学越来越这种互动式和场景化的实践,但实际操作过程中却没有达到预期的效果,课堂活动的关联性和趣味性不强。例如教师和学生的互动对话被一问一答取代,教师按照教材的教学计划往前推进,不停地向学生提出"懂了没？""什么意思？""翻译一下？"等问题。学生处于不对等的对话中，容易失去自主性和积极性；按照理想的"照顾者语言"，照顾者会持续观察被照顾者的习得水平变化，持续优化输入内容和形式，并注入适量强关联新内容。而二外日语课堂学习时间有限，复习或者拓展学习主要依靠学生自主学习。课堂上教室为了增加学生的自主性和积极性，也会留出大量时间给学生自主学习和互动。但在缺乏有效引导和规划下，学生自主学习和计划的内容的关联性和递进性都很不理想；课堂小组活动缺乏周密的计划和设计，一方面小组活动往往只提出一个主题，却没有明确的计划和指向，具体的沟通交流由学生自己发挥，而大多数情况下学生是不会提前进行充分准备的。另一方面小组的划分比较随意，实际讨论中习得水平较高的学生往往比较活跃，占据主动，而习得水平落后的学生则几乎没有充足的发挥空间。

有效语言输入量不足。外语学习必须经过持续积累的有效语言输入，并在持续的运用中转变为技能。二外的选择一般都是基于学习者自身定向发展规划或者兴趣的需要，选择日语作为二外的学习者对日本节化有强烈的认同或对日工作有非常明确的规划。但与英语从小以来系统化、阶段化的持续输入不同，二外日语学习专业训练时间有限，而现有课堂教材和课件无法在短时间内将充足的有效语言输入都囊括。特别是面对不同习得水平的学习者，标准化的教学模式和计划无法为每一位学习者提供匹配且足量的语言输入。

三、基于输入理论的二外日语教学模式研究

针对二外日语教学存在的问题，结合"输入假设"的理论指导，本

节认为通过以下几个方面改进二外日语教学模式：

（一）创造良好的语言学习环境

良好的语言学习环境无疑实践"输入假设"理论的必要条件，而在现有的先进教学技术和丰富教学资源下，构建更加完善的日语语言环境比以往要轻松很多。首先应改进课堂的学习环境，提升教师"照顾者语言"的运用能力，即教师应更好地了解学生每一个阶段的语言习得状态，及时调整自身的语言技巧、语言结构和教学计划，从而确保学生每一阶段接收到的语言输入都是符合当下认知水平以及吸收新内容的吞吐能力水平的。在此基础上，教师应当充分使用日语进行教学和沟通，尽量避免中文交流，从而保证在学习计划内的教授内容能够被最大频率地重复，并不受其他语言干扰的情况被学生认知和吸收；其次，为延续有效语言输入，应当创设更多日语相关的校园学习和交流环境，例如日文动漫社团、定期的日文电影赏析、日文歌唱比赛等等。校园日语语言环境假设应当包罗万象，从最简单的儿童学习资料到复杂的日文商务交流资料，目的是让学生在课堂上学习到的语言知识点，能够在课后被经常提起和运用。同时也确保了不同学习层次的学生能够找到相应的学习小空间。

（二）开发智能化和系统化的日语学习资源数据库和学习软件

根据"输入假设"，理想的语言输入具有强关联性和趣味性的特点，而其实现需要人为对学习内容及相关辅助资料进行整理，并按照语言习得的阶段规律进行系统化编排。尽管目前已经存在巨量日语教学的学校资料、互联网学习资料以及社会培训机构资料，看似丰富全面，但对于个体而言，梳理出适合自身学习习惯的完整系统化资料是非常困难的。

基于现代化的计算机技术和网络技术，二外日语教学的教材以及辅助资料可以通过专业化的梳理和编排，打造成一套贯穿始终，互相关联且多媒体化呈现的结构式的资源数据库及工具箱。首先从关联性上看，可以将标准化教材与辅助资料编排到统一的学习软件中，教师教材大纲作为学习的基本主线，而学生可以根据自身吸收情况在软件中进行适当调整。每一个学习阶段或者知识点，在软件中都可以关联到相应的发散学习内容，如语言背景、场景案例等，也可以同步进行测试和沟通训练。学习软件智能化地识别学生的学习进度和学习成果，并推送已经设定好的新增内容以及相关辅助资料，从而发挥了"照顾者语言"的作用；从趣味性上看，通过影音视频、社区活动、真人交流等现代化的教学内容和工具，能够让学习者在半虚拟的网络环境中充分浸入日语体验空间，从而将练习和学习带入对日语环境下参观、赏析、游戏、交友等活动中，摆脱枯燥乏味的词句和语法的学习。

（三）注重日语文化的融入

学习外系最大的难题在于文化干扰，母语下固话的思维方式和表达方式对外语学习形成阻碍，二外日语学习过程中受到母语和第一外语的双重干扰。在相同量的语言输入和练习下，在日本本土学习日语比在国内学习日语要地道很多，其中重要原因是学习者在纯正的日语文化下，能够真实深刻地感受到语言如何与当地文化、习俗、心理等之间的关系。因此，比较两个具有相同语法和词汇知识结构的学习者，在日本本土的学习者在表达时能够更好地在语气、心情、神态等方便表现出纯正气质。因此对于国内二外日语教学而言，应当重视对日语文化的融入，引导学生更多地了解日本的历史、文化、社会习俗等，特别是具体到当下日本特定区域、特定人群的生活习惯、价值观念等。从而将学习到的日语知识点与对日本社会的理解更好地融合，进而使得语言交流更具有精神内涵，而不是单纯理解表达内容和目的的工具。

第三章 情境式教学在日语教学中的应用

第一节 情境式教学的相关论述

一、研究现状

（一）国外研究状况

外语教学法从诞生之日起到现在经历了几个世纪的发展过程，很多教学法名噪一时，有些教学法由于自身存在缺陷为新的教学法所替代，有的教学法由于不断地进行自我完善和改进，直到现在仍在使用，如翻译法、直接法、听说法。为了适应时代发展的需要，培养复合型创新人才，国外的外语教学开始从孤立的、单纯的语言教学向语言教学和内容教学相结合的方向转型。我们在这里所说的内容不仅指学生在学校所学的全部学科，也指令学生感兴趣的非学科内容。另外，一些与外语教学相关学科的介入，比如教育学、语言学、心理学，使得外语教学研究的发展发生了变化。之所以出现这种转变有四个原因：重新认识外语学习的目的，外语学习基础的研究，语言和人的认知以及社会意识发展关系的研究、语域理论研究。以上四个方面同交际功能法教学理论的产生和发展密切相关。社会语言学家海姆斯（Hymes）基于乔姆斯基（Chomsky）的"语言能力"提出了"交际能力"这个概念。海姆斯认为，一个人的语言能力不仅包括乔姆斯基提出的能否造出合乎语法的句子语言能力，还包括能否恰当地使用语言的能力。由此，乔姆斯基第一个提出了包含两个方面的交际能力，即语言能力、语言运用的论断。交际法认为，只有在特定的情境中，语言交际活动才可以进行和完成，因此需要通过具体的语言情境来实现交际功能和表达。自20世纪70年代以来，交际功能法便显示出强大的生命力。目前，在外语教学的过程中培养学生的外语交际能力成为世界各国外语教学的一个重要目标。

（二）国内研究状况

我国的外语教学有其自身的特殊性。尽管我国是外语学习的大国，但是缺乏良好的外语社会环境。正式的课堂教学环境是学生习得语言主要方式，因此教师的教学在学生外语能力的发展过程中就显得格外的重要。一直以来，语法翻译法是我国外语教学的主要教学方法。随着教学改革的不断推进和新的教学理念的推广，人们越来越觉得翻译法存在着很多的局限性。在结合我国的实际情况的基础上，同时借鉴了国外的一些先进的教学方法，我国的外语教学专家和学者创造出许多新的教学方法。视听法在20世纪60年代被引进国内。20世纪70年代末，具有兼收并蓄结构的情境交际法被引进国内。情境交际法以基本的语言结构为切入口，在情境中操练语言，使学生在实际交际活动中学会并掌握使用语言的本领。20世纪80年代以后，我国开始研究整体教学法。这种教学方法注重运用视听教学手段，教学活动都是用外语来组织。20世纪

90年代，章兼中总结的情境、结构、规则、功能（交际法），要求学生掌握外语首先要在情境中通过听说活动理解、掌握语音的意义、结构、规律和运用语言的能力，并在此基础上培养理解、掌握书面语言的能力。

二、情境式教学的定义、理论基础、原则、优势

（一）定义

情境式教学指的是在教学的过程中，教师有目的地引入或者创设具有一定情绪色彩的、以形象为主体的、生动具体的场景，或者引导学生进入丰富的社会实践活动中，以引起学生的学习动机和兴趣，从而帮助他们更积极地投入学习过程中、更好地理解教材、更好地掌握外语交际能力，并且使学生的身心得到发展的一种教学模式。与传统的教学方法相比，情境式教学融合了语言、行为和情感，激发学生的情感和兴趣是情境式教学的核心内容。

（二）理论基础

1. 克拉申（Krashen）监察模式

对外语教学产生了极大影响的克拉申监察模式是二语习得理论中的一个重要的理论。基于克拉申监察模式的五个假设，输入假设和情感过滤假设为情境式教学的发展提供了坚实的理论依据。那么什么是输入假设呢？输入假设指的是当学习者接触到高于他现有的语言能力水平的第二语言时，能够对其意义和信息加以充分理解，最终产生习得。克拉申认为，比学习者现有水平高的语言材料需要具有如下特征：①可理解性；②不仅有趣，还有关；不是语法程序安排；输入量足够多。克拉申将影

响学习者和环境之间的情感屏障叫作"情感过滤"。克拉申在情感过滤假设中指出,学生的情感因素,如动力、性格、情感状态,会过滤掉他们接触到的语言输入,对习得语言的吸收产生影响。有清晰明确的学习目的,学生就有学习动力,他们取得的进步就快;那些性格开朗、自信满满的学生可以在不同的学习环境中学习知识,他们就能很快地取得进步;学生若是经常没有饱满的状态、情绪低落,他们学到的知识就会相应地减少,取得的进步自然就会慢下来。因此,日语教师要结合克拉申监察模式理论,将情境式教学应用到日语教学中来。准备语言材料的时候,教师一定要考虑学生是否能够充分地理解它们。同时,教师要选择那些和学生生活实际相关的语言材料,以激发学生的学习兴趣,使学生更好地理解语言材料。除了注意语言材料的选取之外,教师在教学中还要将情感因素对语言学习的影响考虑进来。教师要改变过去那种将知识一股脑地灌输给学生的教学方式,不断丰富自己的教学手段,通过调动学生的积极性、创建轻松愉快的课堂环境,尽可能地降低学生的情感过滤对日语学习的负面影响。教师需要给学生提供足够的语言输入量的同时,确保他们能够充分地理解教学内容。

2. 建构主义学习理论

建构主义理论的代表人物主要有瑞士心理学家皮亚杰(Piaget)和苏联心理学家维果斯基(Vygotsky)。基于皮亚杰的"同化"和"顺应"观点,以及维果斯基的"最近发展区理论",建构主义形成了自己的知识观、学习观、教学观。建构主义指出,在教学活动中,学生对知识的主动构建发挥着重要的作用。建构主义的知识观认为,知识并不是对现实的客观反映,它只是人们对客观世界的一种解释、假设,而不是所需解决问题的最终答案。因此，为了让学生充分地理解知识，在教学活动中，教师要根据学生已经掌握的知识设计情境，而不是将自己已有的知识体系强加于学生，要让他们根据自己的经验去构建知识体系。建构主义的学习观认为，任何学科的学习都是以学习者原有的知识经验为基础的，学生的学习过程也不是单纯的教师把知识教授给学生，而是根据自己的经验背景，把教师教授的知识进行重新的认识和处理，从而获取对自己有益的知识，建构自己的知识体系。建构主义的教学观认为，教师在向学生传递知识的同时，应重视学生自身对知识的分析和理解，把学生原有的知识经验作为掌握新知识的基础。教师的角色应从知识的呈现者和灌输者变为学生自身知识体系构建的引导者。因此，建构主义主张，在教学过程中，教师要发现并重视学生已经构建的知识架构，引导他们在自身的知识经验背景的基础上开展对新知识的理解，构建他们自己的知识体系。教师不应该是简单的知识传递者，而应是学生主动建构知识架构的工程师，是整个教学过程的联系者。建构主义还主张，教学要把学生摆在主体地位，激发他们的主观能动性，倡导合作型学习，并且让学生通过彼此之间的交流和讨论，全方位地获取知识。

3. 情境认知理论

20世纪80年代，情境认知理论诞生了。科林斯（Collins）、布朗（Brown）、杜基德（Duguid）是情境认知理论的代表人物。情境认知理论认为，知识的教授要以学习者为主体，教学内容要和生活实践相联系。情境认知理论的演变历程和学习理论发展的三个阶段是相辅相成的关系。

第一个阶段：由于受到行为主义的"从刺激到反应"这一理论的影

响，提出人的思维是从单纯的刺激到反应的过程，忽视了人的主观意识，受到了认知主义理论的批判，从而促使了情境认知理论的发展。

第二个阶段：认知学习理论认为，人是依靠头脑思维完成认知、分析信息与获得信息的，而不是在外部条件下自然而然地形成的。人类学习依靠于人体自身具有的认知结构和外部环境的刺激。

第三个阶段：建构主义学习理论要求教师要由单纯的知识传递者转变为学生获取信息和知识系统的构建者。基于构建主义理论，形成认知与学习，从而标志着学习理论的转型。情境式教学从情境认知理论获得的理论依据是：与母语不同，学生在学习的过程中缺少真实的语言环境，因此教师不仅要结合教学内容最大限度地利用各种教育技术手段为学生创造真实的语言情境，还要设计形式多样的教学活动，让学生掌握和使用语言知识和语言技能。

（三）原则

1. 实用性原则

在外语教学系统中，情境是对学习有促进作用的重要因素。根据教材内容，教师设计出符合学生日常认知、真实、实用的情境。换句话说，教师所设计的情境需要和学生自身的经验相一致，设计出和日常生活实践有连贯性、有意义、有目的互动，并且是可能在现实生活中出现的表情。情境的设置要真实自然，同时使用实物、适当的教具、图片、音乐、视频等手段，营造真实的氛围，通过语境来感染和暗示让学生进入学习的主题，激发他们自然而然地使用某种适当的语言形式。通过创设真实而有意义的情境，不但能够激发学生的学习兴趣，培养他们自主学习的能力，还能提高他们的语言综合运用能力。

2. 创造性原则

情境要对学生创造性的发挥起到促进作用。也就是说，学生无论是在模拟的情境中还是在真实的情境中认识语言、学习语言，在自己已经掌握的听、说、读、写技能的基础上，通过一系列的认知活动，比如观察、记忆、思考、联想、想象、创造，将教材中的日语变成他们"自己的日语"，即真正地掌握运用日语的能力。实际上，情境设置的目的是帮助学生运用语言，而不是生硬地记忆语言。教师要将学过的知识和新知识有机地结合起来，同时进行必要的铺垫，对学生可能要使用的语言材料做出充分的估计，以便为他们提供充足的语言材料，帮助他们在具体情境中自然地展开交际。这种自然的交际活动是一个积极主动、创设性的运用过程，而不是靠一味地模仿或者重复进而养成习惯的过程。

3. 交际性原则

交际功能是外语的本质功能。交际功能指的是在真实的情境中灵活运用外语对信息进行吸收和传递的交际活动。听、说、读、写是交际活动的四种形式。交际活动是一个听者、说者和读者、作者之间进行有意义的信息交流的双向言语交际过程。所有运用语言的交际活动都是在一定的情境中进行的。当学生置身在语言情境中，他们的学习兴趣被很好地调动了起来，同时自身的潜能也最大限度地得到了发挥。学生参与教学活动的积极性提高了，成为学习的主人，他们积极思考，努力探索并进行实践，对自己充满了信心，渴望获取更多的知识和技能。

（四）优势

由于起源于视听法，在教学过程中，情境式教学通过视听效果引入或者创建情境，从而形成一种情感、情境、情绪三者相互结合的教学方法。情境式教学有以下四个优势：第一，在情境式教学的过程中，注重情感的输入，提升教学内容的效果；第二，情境式教学将多媒体教学手段融入进来，适应时代发展的需要；第三，情境式教学能够激发学生的自主性，产生学习兴趣；第四，情境式教学不再局限于课本内容，采用生活情境回归现实，增强了学生的日语实践能力。

三、情境式教学可以创设哪些情境

（一）模糊情境

模糊情境指的是画一些简笔画，让学生来猜测日语使用的框架，并用以前所学的日语进行表达。

（二）音乐情境

音乐情境指的是通过放音乐让学生学习日语。日语歌曲不但可以渲染和烘托教学气氛，还对学生的情绪起到稳定的作用，使课堂节奏得到适当的调整。放音乐可以比较容易地将学生引入特定的情境中。例如，教师在讲解日语语音的时候，可以采取听日语歌曲，填写歌词的方式帮助学生积极地记忆假名。

（三）体态情境

体态情境指的是运用动作来模拟情境。通过动作，学生能够有效地记住句型和对话,而应该做出什么样的动作则取决于教学中的语言内容。教师要选择那些具有一定语言节奏、能够表达语言意义的动作。当教师找到合适的动作时,学生就能有效地理解他们所学的内容。学生可以一边听教师说,一边做动作。

(四)生活情境

语言来自生活,只有贴近生活,学生才能够学好日语。因此,在日语教学中,我们需要把课堂变成一个浓缩的社会,将飞禽家畜、花草树木、亭台楼阁"请到"课堂上,让学生看到、感受到生活中的一切,在真实的情境中感受、知觉、记忆、思维。例如,教师在讲解问候语的时候,不要让学生生硬地记忆语法和句型,可以采用情境式教学。教师可以给出一个求职面试的情境。教师让两名学生到讲台上进行角色扮演,一个扮演老板,向应聘者提问,一个扮演应聘者回答老板提出的问题。其余学生找出他们对话中的不妥或错误之处,并加以改正,之后教师向学生讲解正确的礼节和习惯。这样,不仅锻炼了学生的观察力,还能使他们对所学的知识加以运用。真正地让学生在实践中学习、运用知识。

(五)游戏情境

游戏情境指的是将教学内容和生动有趣的游戏形式结合起来。这种情境式教学不仅激发了学生学习日语的动力,还为他们创造了轻松愉快的学习氛围,有利于激发他们学习的积极性。在日语教学中加入合适的游戏能够培养学生学习日语的兴趣。游戏教学强调学生的主体性,要求师生共同参与,体现了教师的主导作用和学生的主体作用。例如,教师在讲解"能,可以"这个句型的时候,就可以说一些句子,让学生来猜是什么意思。

（六）文化情境

每一种语言都有自己丰富的文化内涵。在日语教学中，教师要结合教材适当地向学生介绍一些日本文化背景和风俗习惯，如接受礼物的习惯或者节日活动等；以拓展学生的知识面，提高他们对文化差异的敏感度，使一些语言习惯在潜移默化中被接受和应用。例如，每逢节假日，教师都可以利用课前几分钟把节假日的名称告诉给学生，或者简要地讲解一些节日的由来。这不仅使学生了解日语的一些风土人情、生活习惯，也弥补了外语教学中不可或缺的文化教学，从而通过文化差异的比较增强学生学习日语的兴趣。

总而言之，情境式教学法是提高日语教学质量行之有效的好方法。情境式教学为学生创设了一个轻松、愉快的学习氛围，能够使学生置身于贴近自己生活的语境中，产生亲切感，积极主动地参与活动，提高效率，让学生"在做中学，在学中用"，不断提高日语课堂的教学质量。

第二节　情境式教学在日语课堂上的具体实施

近些年来，我国日语教学改革的步伐越来越快，情境式教学逐渐被引入日语专业的课堂，目的在于为日语教学创设一种体现日语学习规律和学习者学习心理特征的学习情境，充分发挥学生的主体性，让他们在一种有意创设的、极富美感的情境中掌握日语知识和日语技能，陶冶情操，锻炼意志，最终实现大面积提高教学质量的目的。在日语教学中应用情境式教学，可以改变传统教学模式下日语课堂死板、低效的现状，使课堂充满活力，变得高效。以鲜明的形象强化学生感知教材的真切感，以真切的感情调动学生参与认识活动是实施情境式教学的基本要求。在北京举行的 21 世纪语言与情境教学高级专家论坛上，有专家就指出，改革与创新始终是推动教育发展的根本动力！情境式教学体现了日语学科素养。情境式教学将现代科技融入日语教学，通过搭建立体式的日语学习环境，从而提高学生的日语综合运用能力。因此，在日语教学中，教师必须为学生提供生动的语言环境进行实践，使他们在情境中理解所学的日语知识，并加以灵活地运用，最终实现知识的内化。日语教师在运用情境式教学时，应该从以下几个方面入手。

一、以情境表演的形式对日语课堂教学进行优化

（一）利用情境导入课文

教师首先应该吃透教材，知道教材的特点，以及教学内容的重点和

难点在哪里。只有这样，才能够合理地设计情境。教师在对情境进行设计的时候，除了遵循情境设计的原则，还要注意所设计的情境能否和语言的形式和意义有机地结合起来。教师借助日语课堂上设计的情境帮助学生重新组合学习到的语言知识，通过模拟交际或者真实交际，培养学生在生活场景中运用语言的综合能力。与此同时，教师要充分地认识到情境并不是教学目的，而是实现教学目标的一种手段。设计的情境一定要以教材为基础，任何脱离教材的情境都是不切实际的。日语专业的大学生是日语教师教学的对象，因此日语教师要了解学生，要针对学生设计情境。这样，情境式教学才能够有效地激起学生的情感，使他们积极、主动地参与到日语教学活动中来。在导入课文的过程中，教师可以通过播放视频、讲故事、提出相关话题等方式引入课文，也可设计和课文内容相关的问题情境，引起学生的兴趣。当然，无论是设计什么样的情境，教师都要以课文的体裁作为基础。通常情况下，叙事类的课文可采用讲故事的方法或进行对话的方法；说理类的课文可采用观看视频的方法；提问法则适合所有的课文。很多教师都喜欢用提问法引入课文。通过问题可以激发学生了解课文内容的强烈愿望，促使他们集中注意力学习课文内容。通过将看到的情境和听到的语言建立起直接的联系，既形象又生动，学生的听觉感知和听觉记忆能力得到了培养，同时养成了直接用日语思维的习惯。在情境中理解语言意义，操练语言知识、训练语言技能，使学生综合运用语言的能力得到提升。教师在教学的时候，一定要先训练学生的听说技能，再训练他们的读写技能，以体现情境式教学的基本原则。情境式教学要求学生用日语进行交际，那么就必须在情境中完成听说活动。通过听说活动的训练，理解并掌握语言的意义、结构规律，提升运用语言的能力。在此基础上，进一步培养学生理解书面语言的能力。

（二）利用情境讲解课文

目前，各高校日语专业会根据自身的特点和培养学生的需求选择不同的教材。但是无论选择哪套教材，重点的语法和句型都会在相应的课本中出现。只有在特定的情境中，语法和句型才具有意义，学生才能够更好地理解和掌握。现在市面上的一些日语专业教材都强调教学与学生的生活实际相结合。主张在日语课堂上，教师所设计的交际活动情境要与学生的生活实际结合起来。这样，不仅能够增强学生学习日语的兴趣，还能够调动他们参与课堂活动的积极性和自主性。因此，日语教师在课堂教学中应该积极利用各种教学条件，创设出具有现实意义、生活化的日语交际情境，提高学生的课堂参与性，将所学的语法和句型知识应用到语言综合交际中。例如，日语里有很多的固定搭配。教师可以通过做一些动作来引出这些固定搭配，比如喝水、吃饭、吃药。同时，教师可以将学生分成若干的学习小组，让每一组派出一名学生表演，其他组的学生以抢答的形式用日语说出这名学生所做的动作。通过情境表演和教师精讲，学生可以很轻松地掌握这些固定搭配，顺利地完成教学目标。通常情况下，日语专业的教材由四个部分组成，即课文、会话练习、应用课文、课后练习。作为日语教材的核心内容，在课文这一部分里都会向学生介绍本课的重要句型和语法知识。根据教材的会话练习部分所涉及的话题，笔者进行了适当的拓展。接下来，笔者就来详细地介绍一些在进行课文、会话、听力、语法课堂教学时，教师应该如何设计情境。

1. 课文教学情境设计

（1）在讲解课文的时候，特别是导入新课阶段，教师可以和学生展开自由的交流，通过运用实物或者创设情境展现新单词、新句型，让学生学会利用各种感官来感知和记忆新的语言信息。同时，教师要注意所教的内容与学生的生活实际之间的联系，帮助他们灵活地运用这些日语基础知识。

（2）教师在教学中可以借助实物、卡片、视频、动作表情等，帮助学生理解课文的内容，提高他们的日语听力水平。

（3）学生在掌握了课文的内容以后，为了检验学生对课文内容到底理解到什么程度，教师可以根据课文内容对学生进行提问。问题问完以后，教师播放课文录音，让学生模仿语音语调，并进行听说训练。

（4）复述。教师可以在PPT上给出课文中的关键词和重点句子，帮助学生复述课文。

（5）改编拓展。教师应该鼓励学生在课文内容的基础上，对一些情节进行整合和补充。

2. 会话情境设置

培养学生的语言交际能力是情境式教学的终极目标。虽然教材中有很多习题可以进行替换练习，但是只靠机械的替换练习是无法达到熟练交际的目的的。因此，教师需要设计符合教学内容的情境，以达到语言交际的目的。

3. 听力教学情境设计

在听前准备阶段，教师可以给学生播放日剧里与所听内容相关的日常会话，在播放的过程中教师可以给学生介绍一些日本的文化和风俗。在听听力材料的时候，教师可以先提出几个问题，学生在听的过程中找到问题的答案。当学生能够理解听力材料的大意，并能正确回答教师提出的问题以后，教师要让学生试着复述听力材料的内容。当复述环节结束以后，教师需要组织学生将听力材料改编为对话，并以小组的形式表演出来。

4. 设计情境教语法

（1）教师需要根据所教的语法内容对语言材料进行精心的选择，创设合适的情境，找到突破口。教师可以把复杂的语法条目拆解成相关的几块内容，将它们编成日常对话，同时配上内容相符且生动有趣的图片或者视频。这样可以加深学生对语法点的感性认识以及定向的心理准备。

（2）呈现和掌握对话。教师可以在黑板屏幕上呈现人物对话的视频，让他们边观看视频，边理解会话的大意。之后，教师让学生以小组为单位，模仿并表演对话。为了让学生能够灵活运用所学的语法知识，教师可以给他们提供一些单词和词组，让学生创设新的情境，进行意义性和交际性的操练。

（3）点破语言知识点。当语言材料积累得够多的时候，学生对语法知识有了初步的感性认识。这时，教师可以组织学生对语法现象进行观察、分析、推理和归纳。教师可以先让学生根据之前的操练提取抽象的语法知识，对于其中不完善和错误的地方，教师要进行适当的指导和修正，从而让学生学会在零散的、不成系统的语法现象中找寻规律。

（4）在情境中操练。当学生掌握了规律性的联系以后，教师要让学生以小组的形式根据学到的语法项目编情境对话，在情境中操练。操练一段时间以后，教师随机抽取学生到讲台前进行表演。

（5）对于学生容易弄混的语法规则教师要进行专门讲解，通过设计情境，对它们进行区分。

（三）认真钻研教材，创造、扩展情境

语言源自生活，与学生的生活实际息息相关。因此，教师要利用学生的各种感官，使教学内容变得立体化，可以被学生听到、看到、感知到。教师应该尽可能多地借助各种教学手段，比如实物、卡片、教具、视频，为学生创造一种近乎真实、轻松愉快的语言学习氛围，让他们体会到语境的感染和语境的暗示，从而自觉地使用适当的语言形式进行交际活动。

二、在课堂教学中运用情境式教学增强学生学习日语的兴趣

我们可以通过很多的形式来开展情境式教学，比如组织口语交际活动，设计口语交际情境，角色扮演，观看日本动漫、日剧，听日语歌曲，做值日报告，口头复述。语言素材要以教材内容为基础，要贴近学生的实际生活，彰显时代气息。课堂上，教师要组织丰富多彩的教学活动，鼓励学生大胆地发表自己的意见，与其他同学展开自由讨论，相互交流看法，甚至可以进行辩论。教师需要根据不同的教学环节设计相应的情景剧，使枯燥乏味的语法知识变得轻松易懂，让学生在口语交际训练中体会到日语学习的快乐，提高他们用日语进行自由交流的能力。

（一）利用情境激发学生的学习动机

尽管日语专业的教师每天的工作都很繁忙，除了要完成教学任务以外，还要备课、处理家务事。但是，每个日语专业的教师应该意识到，人类已经进入了信息化时代，地球上的每个地方都被互联网紧紧地连在了一起，这正好为我们的日语教学提供了丰富的教学资源。日语教师可以充分地利用这一便利的条件，不断提高日语课堂的趣味性，创造生动活泼的语言学习氛围，激发学生的学习动机。笔者先对互联网上的一些日语视听资料进行筛选，选出一些与学生所学内容相关的音频和视频，比如日语歌曲，日本电影、动漫。在学生欣赏这些音频和视频的时候，针对其中的歌词和台词，在教师的指导下，让学生试着归纳和总结出一些词汇知识和语法现象。对于那些经过重新填词被翻唱的日本歌曲，由于学生早已熟悉它们的旋律，教师可以鼓励学生模仿原唱的语音语调进行哼唱，甚至可以举行一个日语歌曲模仿大赛，激发学生学习日语的兴趣。在课下，教师也要鼓励学生多看日语节目、日本电影，把自己听到和看到的内容应用到实际生活中，试着用日语进行交流，这是一个很好的学习动机，教师要好好加以利用。另外，在观看这些视频资料的时候，学生一定要注意其中展现的日本文化。在日本，人们非常重视长幼尊卑，人际交往的礼仪也非常多。如果对日本的文化不了解，使用得不恰当，就会影响到与日本人的沟通。因此，在观看日语视频资料的时候，特别是日剧，教师一定要嘱咐学生仔细观察说话者之间的关系和其所使用的礼貌用语上的细微差别。例如，日本人通常情况下只敲两声门，若是敲三声则是不礼貌的行为，会冒犯到别人。一般情况下进到别人的家里，日本人是不可以戴墨镜的。秋天的时候，日本人习惯穿风衣。当你要去别人家拜访的时候，你一定要先把风衣脱掉，将里子朝外叠好才可以敲门。当要走的时候不能先把风衣穿上，而是要到一楼的时候才能穿上风衣。此外，在日本，车辆是靠右侧行驶的，因此过马路的时候一定要先看左侧，再看右侧。通过了解日语文化，使学生知道了哪些能做、哪些不能做、应该怎么做，在潜移默化中了解日本人的生活习惯。这不仅使课堂气氛得以活跃，还在教学中渗透了人文教育。

（二）创设互动活动活跃课堂气氛，激发学生学习兴趣

在课堂教学中，教师可以创造一些互动活动。笔者就在平时的教学中采用过类似节目主持的形式。笔者把教学环节拆分成若干个栏目，并围绕教学主题展开，且各个环节紧密相连，相映成趣，使得课堂教学更加生动、更加有趣。例如，大部分的学生都是从零基础开始学习日语的，最令他们头疼的就是日语单词了，不知道如何去记忆它们。笔者在教学中采用游戏的方式，帮助学生记忆单词。笔者组织学生玩起了词语接龙的游戏。前一个学生说出一个单词，后面的学生要接着前面那个学生所说的单词的最后一个假名说出一个新单词，接不上就算输。特别是在学生学习五十音图的时候，他们学习日语单词的兴趣一下子被激发了出来。有的学生为了在词语接龙游戏中不输，甚至整天捧着本日语词典来背单词。这不仅丰富了学生的词汇量，也为他们今后的日语学习打下坚实的基础。

（三）创造时尚情境

在平时教学的时候，笔者发现教材中总经常出现一些比较晦涩的句

子，离学生的生活实际比较远，学生理解起来很困难。为了贴近年轻人的生活和口味，笔者会把一些最近比较流行的表达方式介绍给学生，让他们可以以非常轻松的心态来体会现代日本年轻人的时尚生活和情境语感，并能构思和运用现在日本年轻人最常用的那些口头语。教师要正确地引导学生的兴趣爱好，从某个兴趣点切入，将学生的兴趣转化为对日语这门语言的兴趣，使他们从内心渴望学习日语。通过这样的教学方式，平时显得枯燥的日语基础课竟成了学生最喜欢上的一门课，他们常常感觉课堂时间太短暂了，还没上够就已经下课了。可见，教师可以通过调动学生的情绪来完成认知的过程。情境式教学通过设计出一些真实性和准真实性的具体场合的情形和景象，为语言功能提供充足的实例，并且活化所教语言知识。情境式教学具有生动性和形象性，能够将知识融入生动的情境之中，使学生产生学习兴趣，一改过去日语教学的呆板和枯燥。教师创设的情境越是生动、活泼、精准，对于学生理解语言知识越有利。情境能够激发学生的思维，使他们有所感悟，促使他们将内心的想法表达出来。因此，在课堂教学中，教师要充分利用实物、图画、动作、语言来创设真实的社会语言情境。除了采用听、说、读、写等多样化的教学方法来创设生动、形象的社会语言情境以外，教师还可以通过营造生动活泼、轻松愉快的课堂氛围吸引学生的注意力，激发他们的学习兴趣，提高他们的语言交际能力。

第三节　情境式教学的效果及教学反思

一、教学效果

（一）语言能力测试结果分析

在进行情境式教学之前，笔者对所教的两个日语专业班级的学生进行了一次日语水平测试。考试结果显示，两个班级学生的日语水平比较相近，没有特别大的差异。经过一个学期的情境式教学实验，两个班级学生的日语水平有了很大的提高。在笔者对两个班级进行的第二次日语水平测试中，两个班级的平均分较第一次测试有了20%的提升。由此可见，情境式教学能够提升学生在听、说、读、写方面的语言综合运用能力。

（二）问卷调查结果分析

在学期结束之前，笔者对两个班级的学生进行了一次问卷调查。结果显示，88.53%的学生觉得自己学习日语的兴趣要比入学之前更高了；92.37%的学生对情境式教学方法表示欢迎；67.23%的学生说他们在每星期的日语课堂教学中能够在全班面前表演会话10次以上；92.32%的学生表示喜欢课堂上的教学情境；超过70%的学生认为自己的听说读写能力有了很大幅度的提高。因此，合理设计情境不仅可以提高学生学习日语的兴趣，还可以提高他们的语言综合运用能力。

二、教学反思

（一）不可牵强地应用情境式教学

教师创设的情境必须能够增强学生对生活的体验感，适合激发学生的思维和表达欲望。教材是教师应用教学方法的根本依据。因此，教师在平时要仔细研究教材，创设与教材内容切合的情境，同时这些情境要与学生的生活实际相结合，这样才能够培养学生健康的情感态度、正确的世界观、人生观、价值观。情境式教学能够通过环境来触发学生的感情，激发他们去积极地思考，提升他们的学习兴趣。这些优势是传统教学模式无法做到的。但是，我们也应该看到，情境式教学并不是单纯地追求形式上的有趣和课堂气氛的活跃，看似教师和学生都互动起来了，其实一堂课下来学生对于应该掌握的知识依旧一头雾水，这对知识的内化是不利的。因此，情境的设计需要和教学内容结合起来，教师要找到两者之间的关联点和切入点，借景悟理，把学生带入情境之中，体验情境中蕴含的思想感情，进一步通过由表及里的思维过程进行抽象概括，揭示出与教材相关的深刻思想内涵，使学生的认识"更上一层楼"。

（二）情境式教学切忌把学生的思维局限在某种情境中

情境式教学并不是将学生的思维局限在某种情境中，而是有借助这种教学方法让学生利用学过的知识、经验、方法、途径在不同的情境中进行分析、整合，最终找到正确的答案也就是培养学生的知识迁移能力。学习的最高境界并不是"学会"，而是"会学"。只有对所学的知识进行举一反三的应用，由此及彼、融会贯通，学生才能够真正地将学到的知识转化为解决问题的能力。教师应该遵循学生的认识规律，培养他们迁移知识和运用知识的能力。在特定的情境教学中，教师对学生思维的引导应该是多向的，而不是单向的。如果教师总是习惯从一个方向引导学生去思考问题，那么学生的思维就会被束缚起来，无法得到发散，也不能够产生创新思维，同时无法发挥学生的想象力。每个人的潜力都是无限的。学生的创新思维是需要教师耐心地进行培养、开发、挖掘的。教师要根据不同的情境引导学生从不同的角度进行思考，打破思维定式，发挥想象力。教师需要在平时的教学中培养学生的联想思维、发散性思维、逆向思维，将情境式教学当作培养学生创造性思维的一个重要的途径。另外，教师要注意学生的言语和情感之间的联系。我们常常会发现，学生在交际的过程中很容易机械地进行交流，没有表情和情感的投入。因此，教师要尽可能多地给学生提供背景知识，鼓励他们以饱满的热情投入表演之中。

（三）在情境表演时要做到听说并重

学生在进行情境表演的时候，常常只知道演好自己的角色，而不注意听别人所说的话。殊不知，注意听别人说话的同时是在完善自己将要回话的语音语调，使表演成为真正的交流，而不是没有表情地背诵句子。

（四）培养学生用日语进行交际的意识

教师要通过口语交际训练来提高学生使用日语进行口语交际的意识。在平时的教学中，学生通过大量的仿真情境对话训练，使他们所学到的语法知识、句型得到了运用，更重要的是可以提高他们的口语交际能力。很多日语专业的学生在大学前两年的时间里都是在国内学习日语，到了大三或大四才有去日本研学的机会，因此真正的日语交际环境是非常有限的。学生需要通过交际活动来发现自己在语音语调上需要改进的地方，并用日语来表达自己的想法，树立说好日语的信心。因此，在日语课堂教学中，教师要拿出大量的时间对学生进行口语交际的训练。当然，学生的性格特点、学生之间的竞争强度、教师对学生的鼓励程度等对日语口语交际的应用也是有影响的。但是，总体来讲，教师要细心观察学生所使用的学习方法、了解学生的学习状态，在课堂教学中引入真实、自然的口语交际活动，为学生提供大量的口语练习的机会，培养学生用日语进行交际的意识，进而提高他们的日语口语交际能力。

第四章　翻转课堂在日语教学中的应用

第一节　翻转课堂相关论述

一、研究现状

翻转课堂也叫颠倒课堂，目前在美国是非常受欢迎的一种新型的课堂教学模式。翻转课堂是由美国科罗拉多州落基山林地公园高中的两位化学教师乔纳森·伯格曼（Jonathan Bergmann）和亚伦·萨姆斯（Aaron Sams）在2007年提出的。起初，为了帮助缺课的学生快速地赶上其他学生的学习进度，这两位化学教师把他们的具体授课方式、PPT讲解、授课内容发布到互联网上，这种方式立刻引起了教育界的关注，并得到重视。不久以后，这种教学方式在位于美国明尼苏达州的斯蒂尔沃特市的石桥小学、高低村小学、克林顿戴尔高中流行起来。但是翻转课堂能够引起全球重视并在全球发展是依靠萨尔曼·汗（Salman Khan）在2011年创建的可汗学院。翻转课堂起源于美国，教学模式主要形成于美国本土。美国翻转课堂教学模式主要有林地公园高中模式、河畔联合学区模式、可汗学院模式。林地公园高中模式。林地公园高中率先创立了经典的 K12 学校翻转课堂教学模式，即教师创建视频，学生在家中或课外观看视频中教师的讲解，回到课堂上师生面对面交流和完成作业。美国河畔联合学区模式的最大特点是采用了数字互动化教材——包括文本、图片、语音、3D 动画，学生可与教材互动、交流。可汗学院模式最大的亮点是把每节课根据理解程度和成绩而非以时间来划分。他们认为，学习的常量应该是学生对知识和概念的高水平理解。可汗学院开发出一套受教师认可、学生欢迎的教学视频，此课堂练习系统能快速地了解学生存在的问题，教师能及时给予帮助。

二、有关概念

（一）翻转课堂的定义

哈佛大学的物理学教授埃里克·马祖尔（Eric Mazur）最早在这一领域做出了研究。埃里克·马祖尔认为，他和同伴创立的同伴教学法能使学习更具活力。首先是传递知识，其次是吸收内化知识。多媒体辅助教学可以代替教师的角色，起到传递知识的作用，教师就可以从传递知识的主导者转变为传递知识的辅助者，成为学生吸收内化知识过程中的引导者，有更多的精力在引导学生吸收内化知识的环节帮助学生解决问题。2000 年 4 月，韦斯利·贝克（Wesley Baker）提出了一个"翻转课堂模型"，就是在课下教师并不布置家庭作业，而是通过互联网让学生在上面做在线测试，遇到不懂的问题可以即时反馈给教师，教师再给予学生帮助，在线上进行纠错改正。课上，教师主要让学生之间先进行交流讨论，互相解决问题，然后再师生互动，与学生开展互动、讨论。与此同时，韦斯利·贝克首次概述了翻转学习的本质：在翻转课堂中，教师不再是课堂上的权威者，而是学生身边的引导者。韦斯利·贝克也在他发表的论文中提出了翻转课堂的最初概念，即教师借助网络工具平台或网络课程管理系统，以在线形式把本应该在课堂上讲的知识点作为作业发布给学生，让学生在家里完成，而在课堂上，教师则作为引导者更多地参与到学生之间的学习中去。翻转课堂快速发展并受到关注进而走进学习领域是在2011年。乔纳森·伯格曼和亚伦·萨姆斯根据他们多年以来实施的翻转课堂教学经验，出版了《翻转课堂：时刻惠及更多的学生》一书。该书一经发行，立刻受到了美国督导协会和国际教育技术协会的一致认可和推荐。在那之后，开始尝试实施翻转课堂教学模式的实践者也逐渐增多了。

（二）微课的定义

随着微博、微信、微电影等的出现，"微课"也悄然地进入了我们的学习和生活中。移动互联网和智能手机的普及，使人们可以随时随地地对"微内容"进行学习。微课的"微"体现在内容少和时间短上，而微课的"课"体现在一堂课或一门课，它是以教学为目的的课程。尽管微课概念的提出已经有几个年头了，但是学界对其定义并未达成共识。为了进一步完善和丰富微课的内涵和形式，广大教育工作者也付出了很大的努力，对于微课的认识也在不断深化。在国内，较早地提出微课这一概念并付诸实践的要数胡广生教授了。他把微课定义为三个阶段：第一阶段是微资源构成；第二阶段是微教学过程；第三阶段是微网络课程。为了交流教学经验，同时为了展示教师的风采，2013年第一届微课大赛在全国高校教师网培中心的组织下成功举办。这次大赛把微课定义为"以视频为主要载体记录教师围绕某个知识点或教学环节开展的简短、完整的教学活动"。参赛的每位教师可以任意选择一门课程，借助先进的科技手段和设备设计教学，同时录制最少10分钟，最多20分钟的微课视频。五分钟课程网则从教学的需求出发，从当前的社会热点、学习者亟须获得的知识中策划挑选出一些呈现在五分钟之内的视频里。为了使学习者能够看得懂、理解透，五分钟课程网将三维、动画、虚拟现实等技术融入视频中。视频是微课目前唯一的载体，视频的长度一般在5分钟到10分钟之间。国外的TED—Ed、Khan Academy、edX、Coursera、Udacity等MOOC网站上有大量的经过教学实践验证的视频资源。当然，人们对微课有着不同的需求，应用的场景也不尽相同，给出的定义和形式也就存在着些许的差异。因此，笔者在综合各位学者的观点以及阅读了大量的资料之后，总结出微课所具有的几个特点：①以服务自主学习为基本的出发点，满足日益增长的移动学习的需求；②有针对性地讲解某个知识点，强调设计的合理性，突出教学的重点；③以视频形式为主，兼顾其他资源；④对于学习时间的把控要适度。

（三）"翻转课堂"中的微课设计

微课在"翻转课堂"中起到很重要的作用，它关系到课堂开始之前知识能否得到有效的传递，同时它影响着课堂教学活动的设计，并最终反映到教学效果上。在翻转课堂这个生态下，微课不是完整的一节课，而是一个集合，它始终是为课堂服务的，它可以是一个或多个知识点、教学环节、教学活动，并以网络为传播媒介展示给学生。它以教师讲解或进行演示的"微视频"为主,辅以课件、案例、素材等学习资源;以及微"作业练习"为主,辅以在线答疑、在线测试、在线调查等自主学习活动的学习反馈。微课教学的内容一定要在教学目标、教学内容和教学对象的基础上对它们加以分析和提炼,并依据具体的教学实际制作相关视频和收集网络上的教学资源。另外,教师根据教学内容设置相应的练习和在线答疑等教学反馈环节。通过这些环节的设置掌握学生的学习情况,发现他们在学习中存在的疑问,对具体问题做出有针对性的辅导。教师应该根据具体的课堂教学的内容对微课学习的时间和难度进行设定。通常情况下,微视频的时间要控制在 15 分钟以内,微课的学习时间则最好控制在半个小时左右。

三、翻转课堂的理论依据、原则、特点、优点

(一)理论依据

1. 掌握学习理论

掌握学习理论是由美国教育家、心理学家本杰明·布卢姆(Benjamin Bloom)在 1968 年提出的,旨在解决个体差异的问题。本杰明·布卢姆提倡,教师应该给不同的学生不同的时间,以便让几乎所有的学生都能在同一水平上同步前进。应该根据不同学生给予不同的指导和帮助,以便让学生一直处于同一学习水平。如果有学生有某种方面的学习困难,那么就应该给予这些学生更多额外的指导,以确保他们能够全部掌握学习内容。只要给学生足够多的时间、给予适当的教学和个别的帮助,学生就能够掌握所学内容顺利进入下一个学习内容。本杰明·布卢姆反对

只有少数学生能够取得优异成绩，认为大多数的学生都能够学好功课，学生之间学习成绩好坏的差异在于学习所用时间的消耗以及理解能力的速度，大部分学得慢的学生也可以通过时间和正确的指导取得好学生那样的成绩。在有关掌握学习的研究中，在正常的课堂之外进行教学，比如课下、课间、放学后。在这些时间里，如果有学生在课堂上有没听懂、没理解、没有达到教师要求的学习目标，那么教师就会给这些学生提供额外的改正补充性教学，直到他们达到完全掌握教师要求的学习目标。掌握学习的一种形式是：依据学生掌握学习内容程度的不同来灵活机动地调整教学时间。为那些需要继续学习基本概念的学生提供矫正性教学，让其他学生做一些扩展性的作业。翻转课堂教学模式能够使"掌握学习"得以真正实现，借助信息技术的支持，实现个性化辅导，正是给予了学习者大量的学习时间，使理解能力不同的学生也能够通过课前自己安排时间依照自己的节奏提前学习，完全由自己主导自己，认为简单易懂掌握的内容可以快进或者跳跃地观看，没看懂、没掌握的内容也可以暂停观看，反复观看，可以停下来做笔记，把问题记录下来。这使课堂活动更具针对性和人性化，在进行师生互动、生生互动时，能以讨论交流的形式发现问题、解决问题。翻转课堂的教学模式可以通过形成性检测方式及时发现学生在学习过程中存在的问题，及时通过矫正性辅导使学生达到掌握知识的目的。课堂上教师根据学生不同的情况采取有针对性的教学方式或者指导，使学生的学习积极性提高、学习自主能力提高，保证学习质量。

2. 人本主义理论

人本主义理论的代表人物是马斯洛（Maslow）和罗杰斯（Rogers）。

马斯洛和罗杰斯强调要实现人的尊严、体现人的价值、发挥人的创造力和实现自我，认为发挥潜能的本质就是要实现自我，而潜能则是一种类似本能的性质。认为心理学的研究必须从人的本性出发。马斯洛和罗杰斯认为，教师的主要职责不只是向学生单方面地灌输知识，而是应该尊重个体，为学生尽可能地提供各种有利于学习的学习资源和学习环境。为学生创造平台，让他们把学习的主动权真正地掌握在自己手里。人本主义理论的教学观念认为，教学过程的本质是相互尊重基础上的一种互动，师生之间、生生之间应建立一种平等、民主、互利的、相互认同、相互尊重、相互理解的情感性的新型关系。人本主义理论强调学生自主学习、自主建构知识，合作学习的能力；强调以人为本，也就是学生的自我发展；强调发掘人的创造潜能；强调情感教育。人本主义理论赞同学生具有个别差异性，人作为个体也具有个别差异性，不同的人就有不同的思考。从这个角度上说，即使是教师也是存在着或多或少的差异，即使使用了相同的教材、相同的课件视频等教学方式，传达给学生的知识内容也未必相同。因此，教育不能脱离学生，要从学生的个体出发，给予他们充分尊重，充分理解学生之间的个体差异。进行针对不同个体的不同教学方式，因材施教。教师在教学过程中更是要以学生为主，一切出发点都是为了学生，促进学生全方面、全身心整体发展。让学生成为一个真正独立的、具有思考能力的个体。在翻转课堂教学模式下，学生变成了主体，需要学生在课下通过教师发布的视频和学习方案独立完成知识的建构，课上师生之间、生生之间再进行讨论、交流等一系列互动来促进知识的内化，教师会对重点难点再做出有针对性的解答。这种方式正是做到了针对性差异化学习，强调了学生的自我发展，教师也起到了助学者的作用。

（二）原则

1. 纳入培养计划，整合设计的原则

翻转课堂触发的不仅是单一的某个学科、某一课程教学模式的改变，而是高校教育模式的整体变革。我们不提倡"一刀切"式的所有课程都翻转，驾驭翻转课堂教学模式并不是改变教学流程和相应的教学活动就能实现的。大规模在线学习环境下的高校课堂教学变革更应该从课程设置、教学内容、教学环境、教学资源、教师培训等多个方面系统进行。翻转课堂的内在特质对日语课程的整体设计提出了要求。日语教学要通过翻转课堂模式改变教与学的方式，提升课堂教学质量，首先要做的是对所有课程进行统一设计，而不是局部或零星的调整。

（1）课程的设置问题

系统性决定了课程与课程之间、同一课程内部是互为联系、互为补充的。同一天实施翻转课堂的课程不能太多，同一课程同一天内有多次安排的，可以采用多种教学模式。

（2）教师承担课程所付出的时间总量

日语专业的教师都承担着教学任务、科研任务以及与教学相关的事务性工作，翻转课堂教学的准备、监控也需要更多的时间。如果所有工作时间超过了教师所能承受的极限,翻转课堂的开展将会受到负面影响。

（3）学生自学时间的总量

学生每天能够集中精力完成作业的时间是有限的。如果每门课的课后任务都有翻转课堂任务，对于学生来说，课业负担过重，会导致课堂

上"夹生饭"现象的出现，也会影响学生的学习效果。

因此，选择哪些课程、哪些内容、在哪个教学时段开展翻转，就需要科学合理的设计，按照专业教学计划或人才培养方案，合理安排、统一规范，使教学模式多元化。

2. 以偏重知识型课程和综合型课程为主的翻转原则

高校日语专业的所有日语课程都承担着知识教学和技能教学两方面任务，每一门课程、每一节课程内容都有新知识和难点、重点知识，也有熟练掌握技能的教学要求，只是根据课程内容和特点有所侧重。依据《高等院校日语专业高年级阶段教学大纲》（教育部高等学校外语教学指导委员会日语组）中关于教学目标要求的规定，我们将各门课程划分为偏重知识型课程、偏重技能型课程和综合型课程。偏重知识型课程主要包括：日本概况（日本世情、日本地理、日本历史、日本文化、日本民俗风情）、语言学课程（语音学、语义学、日语语法、日语句法等）、日本文学课程（日本文学史、日本文学作品赏析）；偏重技能型课程主要包括：听说课程（听力课程、会话课程）、阅读课程（报刊选读、文学选读、日语泛读）、写作课程（日文写作、论文写作）、翻译课程（翻译理论、日译汉实践、汉译日实践、文学翻译、科技翻译、同声传译）等；综合型课程主要包括：基础日语和高级日语（这两门课程也可以统称为日语精读课程）。偏重技能型课程的教学任务主要是提高学生已经掌握的知识的熟练程度，提高学生听、说、读、写、译的日语运用能力，即以语言实践为核心，新知识教学任务相对较弱，如果采取翻转课堂教学模式，可以考虑分阶段翻转（如写作课上归纳请求、道歉、允许等表达方式等）、分目标翻转（如听力会话课制作话题场景视频短片等）。

偏重技能型课程的教学任务的完成需要通过教师与学生面对面地进行思想交流、观点交锋、情感沟通、语言交际才能实现。而面对面教学正是传统课堂的优势，翻转课堂教学模式更重视学生的自我学习、自我体验，教师的责任是协助指导，在师生间思想交流和观点交锋上，翻转课堂教学模式会弱于传统教学，因此，偏重技能型课程的翻转难度较偏重知识型课程要更大一些。因此，技能型课程的翻转建议要控制使用。偏重知识型和综合型课程导入翻转课堂，课堂教学前学生已经完成了一次新知识的内化，课堂教学上的二次内化有助于学生正确概念的形成和知识的熟练，是提高学生自主学习能力、兴趣、质量的有效教学模式。在课型选择上，无论是偏重知识型课程，还是综合型课程，课堂教学有多种多样的课型，如新授课、巩固课、复习课、练习课、试卷讲评课等。每种课型的重点、难点千差万别。由于巩固课、复习课、练习课、试卷讲评课都是属于知识第 N 次内化过程，只有新授课属于知识第一次、第二次内化，根据翻转课堂重视知识内化过程的优势特点，新授课更适合翻转。笔者认为不能为了翻转而翻转，而是需要结合教学内容实际、教学目标实际，有效控制翻转的频率、选择最适合的课程科目、灵活运用多样的教学策略，才能收获良好的教学效果。

3. 以教材为中心的翻转原则

在实施翻转课堂教学模式时，要综合考虑每节课、每个知识点中的哪些内容可以翻转和怎样翻转的问题。选择要翻转的内容，可以以教材为依据，以教材中的难点和重点为核心选择翻转的知识点。因为教材的编写遵循一定的学科知识体系、教学法原则，针对特定的教学对象，由浅入深，由易到难，兼顾科学性、思想性、艺术性、系统性、可操作性、稳定性、连贯性的，且不考虑教材中课文题材、体裁问题，仅从语言知识的内在联系角度，教材已经为知识构建了合理的框架，教师只要进行合理分析，就能够选出适合翻转的知识点。对于能够翻转的教学内容，采用翻转课堂教学会促进学生的学习；对于不适合翻转的内容，需要及时调整教学策略，不能硬性翻转。教师在分析、选择翻转的知识点时还要考虑教学目标、学生已有基础、知识点的学科属性、知识点之间的联系、教师和学生的状态等因素。学情分析可以帮助教师了解学生掌握的和没有掌握的知识，在课堂互动中有针对性地指导学生解决问题。关于"怎样翻转"的问题，日语基础阶段以句型为主的教学有类似特点，翻转起来操作性比较强，但是高级阶段日语知识的体系结构、知识点板块性不强，较为松散宽泛，这对于翻转课堂教学实施来说难度会大很多。此外，文科类课程导入主题往往需要一定的铺垫，因此制作网络课程微视频时要坚持"抓住重点，精选主题，理清思维，锤炼语言，讲深讲透"这一原则。总而言之，翻转时要注意课前学习的内容可以突出难点、重点，课堂教学内容侧重知识体系结构的构建和实践能力的培养。

4.合理设计制作网络资源包的翻转原则

翻转课堂的网络资源包是学生学习新知识时的第一次知识内化依据，资源包内可以结合教学内容，选择放置教学知识点微视频、PPT、学习指南、导读、网络连接、机械性练习、学习测验等模块。翻转课堂教学的一个重要因素就是微视频。微视频内容要集中指向教学重点、难点，而不是像一般的教学资源那样面面俱到。因此，录制微视频需要考虑教学目标、过程、知识点的性质、学生的特点、练习作业等。基于这种考虑，笔者认为，体现教学理念和教学特色的示范性微视频可以由教师个人来设计，但是成系列、适合一门课程或一个学期的微视频可以采用学校集体购置或区域性共享的方式实现。网络资源包中的微视频内容要注意区分知识类型，尤其是对于一些非良构、学生不能自发建立概念的知识，需要灵活把握。在学生适应翻转课堂教学模式的初期，可以降低知识的难度，选取良构知识作为学生适应的过渡，等学生适应之后，再选取非良构知识即可。教师还要注意的是，过于简单的知识使用微视频的意义不大；过于困难的知识微视频也不能充分发挥作用。分析知识的难度等级对于合理使用微视频进行翻转课堂教学的作用不容忽视。有了微视频并不意味着其他的课堂教学活动就可以省略或少用。恰恰相反，在微视频学习以后，课堂中的互动讨论学习才更能达成深度，形成有效的认知，包括教师讲解在内的其他教学活动既要和微视频相互补充，又要比微视频有更集中的认知聚焦。另外，不是每个资源包内都要放置所有的模块，如果适合用微视频的内容就不用 PPT，如果用 PPT 加音频就可以解决的，就不用花大成本录制微视频。

5. 结合教学目标采取灵活多样课堂教学策略的翻转原则

第二次知识内化是翻转课堂的一个重要环节，也就是课堂教学。翻转课堂教学以学习互动为主要模式，这个互动可以是生生之间，也可以是师生之间。课堂教学的互动模式有很多，需要教师结合教学内容、教学对象、教育环境、教育条件，灵活调整教学策略。无论是加涅（Gagne）的九种基本教学策略、格罗珀（Gropper）的四种基本教学策略，还是盖奇（Gage）的七种教学基本策略、库宁（Kunin）的教学管理策略，都不能对日语教学，特别是日语翻转课堂教学模式提出具体指引，不能回答像"如何刺激回忆前提性知识，使学习者把它们同新知识结合起来?""如何练习完整规范的语言行为?""如何关注学生的课堂表现?""如何把教学活动引向适当的目标?""课堂讨论的节奏如何把控?"这样的问题。教师必须具有高水平的专业知识、高超的教学技能、高度的责任心,才能有效地整合各种教学策略,完成教学任务。

6.高校要提供必要的支持体系的原则

高校提供必要的支持是翻转课堂教学模式顺利实施的保证,主要包括教师培训和信息化课堂教学环境两个部分。

(1)教师培训

由于知识背景和学科差异的原因,不同学科的教师对翻转课堂的理解是不一样的。各个学科中的知识点能不能有效地使用翻转课堂来呈现,对教师的教学经验、教师对教材的领悟程度有很高的要求。翻转课堂的教师培训和一般教师培训不同的是,翻转课堂的教师培训更加倾向于培训教师对教学模式选择的一种敏感度。这种敏感度最直接的体现就是面对不同的学生、不同的知识点,翻转课堂、一般信息技术环境下的课堂教学和传统课堂教学哪一种教学效果是最佳的,需要教师有精准预设。

(2)高校支撑环境

翻转课堂的实施需要高校信息化支撑环境的支持。这里的高校信息化支撑环境不仅包括软件系统,也包括硬件系统。软件系统包括视频发布系统、交互系统、学生学习的智能诊断系统、远程支持与服务系统、统计系统、管理系统六个方面。硬件系统包括师生必须有可以上网的PC或终端、网络带宽能够保证微视频的稳定运行、服务器必须具有足够容量和并发能力这三个方面。

（三）特点

传统的教学过程一般是教师在讲台上讲，学生在下面听，也就是知识输出和知识输入的过程。学生课上通过教师的讲授学习知识，课下通过教师布置的作业巩固复习吸收知识。而翻转课堂正好颠倒了这个过程。

1. 教学流程的改变

翻转课堂不同于传统课堂，彻底颠覆了课程流程的顺序。传统课堂是课上教师讲解知识，学生学习吸收知识，课下学生通过教师布置的作业任务巩固复习知识。而翻转课堂则是课下学生提前通过教师发布的学案、教学视频自主学习，先自行吸收知识的过程，如果遇到不懂的问题可以暂停观看做下记录，还可以和小组成员进行交流讨论，学生在课上进行知识的吸收消化，生生讨论、师生讨论，互相交流以及疑难解惑等。

2. 师生角色的改变

在传统课堂中，教师的角色是在讲台上单方面讲授，是课堂的绝对主导者和知识的绝对传播者。学生的角色则是坐在下面听讲，被动地接受知识，是课堂纪律的遵从者、课堂中的服从者。而翻转课堂中，教师由原来高高在上的灌输者、主导者转变成了教学活动中的指导者、参与者，加入学生当中与学生一起进行讨论，学生也由原来台下被动的接受者转变为讨论交流的主动参与者，积极性大为提高。

3. 课堂时间的改变

在传统教学模式中，课堂上的时间基本是教师在支配，以教师讲、学生听为主。而在翻转课堂教学中，课堂上的大部分时间都由学生来支配，教师只占了一小部分时间，教师在课堂中起到的作用只是帮助学生、引导学生，在课堂上讲授知识的时间大幅缩短，这是翻转课堂的一个重要特征。翻转课堂模式下的学习时间大多转为课下提前学习的时间，学生在课下通过线上资源吸收内化知识。极大地延长了课堂上师生之间教与学互动的时间。但是翻转课堂的关键之处在于教师如何组织课堂学习活动来实现课堂时间的最大化，得到最高效化的利用。

4.学习资源的改变

在传统的教学模式中，教师在讲台上讲课，讲过的知识点一次性过，学生很有可能漏听、误听。而在翻转课堂教学模式中，课堂由传统的课本、板书或者幻灯片转变为教学视频。学生可以在课下反复观看视频，遇到不懂的问题还可以随时暂停或者倒回去重新看，相当于反复地听教师讲解，不会再有担心因为犯困走神等原因而导致漏听、误听这样的问题。学生可以按照自己的学习节奏随时暂停、多次重复播放，并且可以随时做笔记、做记录。教学视频成功地突破了传统课堂中学生被动的学习，打破了以往按部就班的学习，学生掌握了学习的主动权，实现了自定节奏的学习。

（四）优点

1.有助于学生自己掌控学习进度

在翻转课堂教学模式下，学生可以根据自身情况、学习时间来设定安排和控制学习节奏，而不必去追赶理解能力和学习节奏快的学生，也不必等待理解能力和掌握速度慢的学生，完全可以在课下、在家里观看教师发布的教学视频，能够真正实现分层次学习。学生在观看视频时看得懂的地方可以选择快进跳过，遇到不懂的地方产生疑惑时，可以暂停或重看，反复观看，也可以做笔记、做记录，甚至可以通过在线聊天工具及时地与同伴进行交流和讨论，也可以利用在线测试等平台及时地把问题反馈给教师，以得到有针对性的指导。

2. 有助于学生整体素质的提高

目前，我国推行的素质教育要求以全面提高全体学生的基本素质为根本目的，尊重学生的个性，注重创造能力、自学能力的培养。翻转课堂的教育旨在培养学生整体的学习能力，培养全方位发展的人才，翻转课堂要求学生能够在没有教师讲解的情况下自己理解知识，锻炼学生的理解能力。翻转课堂还要求学生在遇到问题时找到同伴共同解决问题，培养学生的合作能力。翻转课堂还要求学生发现问题、提出问题，培养学生的求知欲望、探究能力。翻转课堂丰富了教学内容，增加了知识量，拓宽了学生的视野，对学生综合素质的培养具有显著作用。

3. 有助于"教"与"学"的相辅相成

翻转课堂的核心就是学生能够从被动学习转为主动学习。学生并非只是单纯地观看视频、提前预习那么简单。翻转课堂是对传统教学方式的一个彻底翻转，真正做到从"教"到"学"的一个转变。"教"指的是传统的教学方式，由教师主动传授知识，学生被动接受知识，学生在"教"的过程中一直处于较为被动的地位。而转变后的"学"，则是学生由被动地位转变为主动地位，一切以学生为中心。在"学"的模式下，学生课前观看视频需要思考，与同伴交流讨论需要思考。翻转课堂还体现在重课前，学生可以有大量的自由时间思考并探究问题。翻转课堂还表现在多种行为的融合，"学"可以将学生的记忆、理解、思考、应用等多种行为很好地融合在一起，训练学生全方位发展。

4.有助于信息化社会的发展

《新媒体联盟地平线报告（2014基础教育版）》中指出了六项新技术对基础教育有着重大影响。其中，将电脑、智能手机、平板电脑、电子读书器等设备带到学习活动环境中被更多的教育机构所采用，让学生亲自体验掌控自己的学习过程。在这个时代背景下产生的翻转课堂教学模式颠覆了"教"与"学"的过程。在这种环境下促使学生改变了学习方式，培养了学生整体素质的发展，使学生成为创新性技术人才。这种信息技术远远超出了辅助工具的概念，成为教育发展中不可或缺的工具和要素。

第二节　翻转课堂的实践教学

一、教师活动

（一）课前准备

1. 教师要分析并确定这一单元的教学目标和学习目标

目标是教师对学生应该学什么、学完之后能够做什么、能够达到什么标准而制订的计划。在课程结束时，教师对学生的评估必须让每个学生都清楚自己对目标的掌握程度。首先，教师要有针对性地设计教学。有些简单易懂的内容可以让学生利用教科书和课件自主学习，有些内容就需要教师引导教学。明确教学目标，避免教学中的盲目性和无目的性。

2. 教师制作教学视频

经过教师团队的讨论和研究，制订教学目标和学习目标，然后由教师代表制作教学视频。在制作视频过程中应考虑学生的具体情况，有的学生自主学习能力强，有的学生理解能力强。教师应该根据学生的情况制作适合他们观看的视频。在制作内容方面也要多花心思，尽量使视频丰富有趣，吸引学生的注意力，提高他们的观看兴趣。

首先，教师团队在一起协商教学目标、学习目标，共同制作学案，然后由教师代表制作教学视频。笔者利用 liveview 录屏软件和视频编辑软件将授课内容、教学目标、学习目标等录制成 10~15 分钟的视频，除了明确本单元的教学目标和学习目标以外，还要把本单元的重点语法讲出来，但总数应控制在3个语法点内，时间控制在15分钟以内。其次，通过微信群、QQ等即时通信软件把单词、课文发音的音频以及教学视频全部发给学生。最后，教师向学生指明需要学习完成的任务、指明要达到怎样的目的，让学生提前通过观看视频，学习吸收知识。教师把学生分成若干个小组，让小组内的成员进行交流讨论，提出每个人在自主学习时遇到的问题。先进行小组互相学习、互相解决问题，最终无法确定的问题以组为单位在课堂上提出。课上，先由小组之间互相解决问题，最后无法解决的问题向教师提出，请求教师解答。

（二）课中教学活动设计

学生在观看视频的过程中，由于自身学习能力、理解能力、看问题的角度不同等原因，对事物的理解必定会有偏差，在学生之间必然会产生一定程度的不平衡。教师在上课后需要针对学生所观看视频的情况对学生提出的问题进行解疑。上课后，首先进行单元小测验，比如单词及个别语法造句的应用，用于检测学生自主学习的效果。然后以小组为单位交流自己对知识的理解。这时，教师并不是站在讲台上看学生互相讨论，而是要走下讲台、走进学生的探讨中，与他们一起探讨。当学生遇到问题时，教师可以及时给予帮助。最后，小组确定问题，提出问题，向教师和同学共同探讨解答问题。

（三）课后反思、评价

评价的一个重要原则是评价必须与目标紧密联系。学生学到了教师教授的部分内容，教授内容和测验内容之间的重叠越大，学生在测验中的分数就越高，教师越能够确定是否需要进行额外的教学。课后根据课堂提出的问题，学生之间探讨的结果，教师制作单元测试内容，要求学生在课下完成本单元内容的测试卷，及时了解他们对知识的掌握程度，帮助教师和学生了解整体自学效果。

二、学生活动

（一）课前准备

首先，学生需要下载教师发布的教学视频和课件文档，观看教学视频，提前学习。学生学习时可根据自身的情况有节奏地学习。理解力强的学生可以看一遍视频，理解能力弱的学生可以随时暂停教学视频或者反复观看。在观看过程中学生如果遇到不懂的地方可以随时暂停做笔记，把不懂的问题及时记下来。然后与小组成员讨论，互相解决自己在观看过程中遇到的问题，最后以小组为单位确定问题。

（二）课中学习

爱德加·戴尔（Edgar Dale）的实验证明，与个人学习相比，团队学习、合作学习能够将效率提高一半。学生在课前独立探索学习阶段已建立了自己的知识体系，并与小组成员经过合作交流互相说出自己对知识的理解，以组为单位向教师提出问题，组与组之间相互讨论、相互学习，及时向走在学生中间的教师提问，得到解答，再与小组成员一起确定问题、提出问题，与别组成员和教师进行探讨。

（三）课后反思、评价

对学生进行评价，其重要的功能之一就是给教师提供教学有效性的反馈。课堂中的提问、对学生的学习进行观察，这些都能给教师提供学生学习情况的信息。在许多科目中，为了获得学生的进步情况，可以进行简短的、经常性的小测验和写作活动，搜集学生有关活动结果的证据，这些都是非常必要的。评价也可以用于指导整体的教学改革。课后完成教师发放的本单元内容测试卷，检测学习效果，及时发现自己对知识的掌握程度，发现疑问并及时反馈给教师，帮助教师发现问题。

第三节 翻转课堂的效果和优化路径

一、教学效果

在翻转课堂应用一学期之后，笔者对学生进行了访谈。主要围绕学生对翻转课堂教学模式的认可程度、使用时遇到的问题和对基础口语课程教学的作用。

笔者根据学生的回答做以下总结。知识掌握方面：①大部分学生认为采用"翻转课堂"这种教学模式很新颖、很有趣。可以随时随地观看视频对自己的学习很有帮助，很喜欢这种学习方式，觉得对学习效果很有帮助，收获较大；②也有一些学生不喜欢这种教学模式。他们认为自己课后有更多的事情要做，没有时间。除了上课就不再想学习，并且认为自己自学能力比较弱、自控能力也不好，总想偷懒，看视频的过程容易犯困，同时认为还是传统教学有教师在教室里更能督促自己，更加适合自己；③还有一部分学生认为，网络有时不稳定，很难把一个10分钟的视频下载下来，即使可以下载下来也非常花时间。建议直接在课前拷给他们，不需要在线下载学习，这样更省时省事，也可以很方便地进行学习。笔者认为，学生在自主学习能力、学习规划能力、自我约束能力方面可以总结为以下几点：①不论是学习兴趣高还是学习兴趣低的学生，对于他们的学习兴趣都能够得到一定程度的激发，特别是对于之前容易被动学习、不主动学习的学生来说，课堂中的参与度明显有所提高；

②对于部分自控能力弱的学生情况也有所改善。因为课后教师很难检测到学生是否有提前学习且无法督促。而翻转课堂模式下要求以小组为单位进行学习，组长会代替教师督促自控能力较弱的学生一起学习；③关于课后的总结与分析也要求以小组为单位，以组长检查的形式进行学习，因此能够促进自我约束能力较弱的学生做到课后总结复习，并进行反思。

二、优化路径

（一）明确目标

1. 明确教学目标

有观点认为，翻转课堂更适合理科学习的方式。在语言学习当中，学习单词和语法是必不可少的一步，这一步可以像理科学习那样把教学内容录制成视频，然后通过网络技术把视频传给学生，让学生自己学习这一部分知识，这一步还是相对比较好把握和掌控的。但是与理科学生的学习模式差异较大的是实操部分。学习日语，需要张口说。需要学生在课堂上对课前自学的内容进行大量的操练，也就是让学生张口说话，训练学生听、说、读、写、译的技能，以促进学生对所学内容的理解、应用和吸收。经过此次翻转课堂教学模式的教学实验后，笔者发现，单词和语法的学习适合作为翻转的内容。因此，在教学设计过程中需要从教学理念、教学目标、学习目标、教学设计、教学步骤、教学活动等方面出发，形成具体的、系统的教材内容与之匹配，才可以大量地、全方位地进行翻转。教师必须明确教学目标。教学目标有时也被称为行为目标，要求学生在规定的时间段内，经过教学过程之后，学生必须熟练掌握并能灵活应用的技能或者是对某种专业知识概念的陈述。对教学目标进行陈述时，通常要明确说明目标是如何考核的。教学目标必须是在教学内容的基础上，符合教学内容而制订的，教学目标应该非常详细，尽量具体，使教学目标更能发挥作用。例如，给出本单元的语法重点，要求学生对应考级找出对应的语法解释，会用此语法造句，并扩展为短文。

2. 明确学习目标

为学生制订学习目标，明确学习目标。学习目标指的是学生在规定的时间内，经过自主学习，必须掌握明确的学习要求。学习目标不仅包括对知识点的归纳，学习视频后的总结，和同学交流讨论后的整理，还包括对作业习题的熟练程度以及对整个学习过程的总结和反思。

3. 明确学习方案

翻转课堂教学模式要求学生课前自主学习，教师并不在课前亲自指导学生应该做哪些事情，没有教师的明确指导，学生容易对学习过程不知所措。因此，明确学习方案就显得至关重要。教师应该先让学生知道在这一单元里到底要掌握的是什么，然后根据学案提示观看视频、回答问题、完成作业。学生要在不偏离学习目标的情况下反复学习、解答，讨论这个自主学习的过程。

（二）教学视频突出重难点

翻转课堂主要是学生在课下提前通过网络获取教学视频，然后进行自主学习，教学视频中能够直接有效地体现教学的重点难点是使学生达到理想效果的核心点。教学视频的时长应控制在10~15分钟内，如果多于15分钟，很难保证学生的注意力集中。而教学视频在制作的时候，为了调动学生的观看兴趣，就要保证有一定的趣味性和吸引力。

（三）组织好课堂活动

在翻转课堂教学模式中，学生不再处于被动接受知识的状态，不再是课堂的被动者，而是学习的主体，主观能动性大大提高。学生也不需要按全体学生一个节奏来接受、吸收、消化知识。例如，学生可以根据自己的接受能力反复观看互联网上的视频资料直到真正理解为止。掌握能力强、理解能力快的学生不仅可以很快地学完教师要求的学习目标，还可以利用互联网平台实现跨班级、跨学校、跨专业、跨区域的学习交流。尽管利用互联网平台有很多的好处，但是我们也不能否定传统教学中教师和学生面对面的交流优点。因为学生个体有很大的差异，观看视频尽管可以解决理解能力慢的学生的学习需求，可是不能保证每个学生都能够完全理解教学视频中所讲的知识要点。另外，学生在课前通过观看视频、完成学习方案要求之后，除了对学习目标知识的理解、存疑，还会有其他的问题。例如，在师生互动、生生交流讨论过程中产生的新情境、新问题、新方法、新思路等。这就要求教师能够有丰富的课堂组织经验，以保证学生在课堂上的投入程度。在课堂教学中，教师要关注以下几点。

1. 做好组织分配工作

翻转课堂的主导中心是学生，是以学生为中心的课堂，学生能够做到自主学习、自主交流，但是这并不代表翻转课堂就完全不需要教师的安排。在翻转课堂中，教师的角色只是从课堂的主导者转变为课堂的组织者和协调者，是学生自主学习的引导者。教师仍然需要调控翻转课堂的节奏。教师要根据学生的水平能力对他们进行分组，做到各小组之间可以互相学习。选出组长，让组长充分发挥其职责，代替教师起到一定的监督作用。因为日语学习不同于英语学习，学生的日语基本都是零基础，外语学习中的听、说、读、背缺一不可，但如果教师监督检查每一个学生则时间不够分配。因此，需要组长代替教师检查组员的背诵情况，督促组员按照教师学案的要求提前学习，并指导小组成员进行分工。当小组成员讨论激烈难以继续时，教师要及时介入，要对学生多进行鼓励式教育，激发他们的学习热情。

2. 走到学生中去

在翻转课堂中，学生在相互解答疑问、自主交流的时候，教师不能一直站在讲台上，而要走下讲台，走到学生中去，认真听、仔细观察、回答疑问，关注学生的课堂讨论情况。这样做不仅可以避免有些学生闲聊，还可以监督学生玩手机或看其他书籍等与课堂无关的不良行为。另外，教师走到学生中去，通过倾听、观察可以及时地了解学生遇到的问题和有争议的地方。

3. 调控以学生为中心的课堂

以学生为中心的课堂管理与传统的课堂管理并非截然不同。规则仍然是需要的，必须不断地向学生说明规则，并一以贯之地执行。假如在以学生为中心的课堂中，学生被课堂活动的多样性、参与性、社会性等深深地吸引，并激发了他们的学习兴趣，那么再强调纪律就没有必要了。然而，有些事件也是不可避免的，当某些学生的不良行为干扰其他学生的学习时，教师必须采取措施来让其遵守规则，因规则是全班学生共同协商所确定的。

4. 培养学生学习目的，帮助他们树立目标

耶鲁大学曾在学生中做过一项调查，发现进入社会后无论是事业还是生活方面都远远高于其他人的那些人在学生时期就目标明确。明确的目标与学生的自觉性和主动性有很大的关系。呈现课程的第一步就是设计课程，清楚地阐明讲授和学习该课程的理由。在教学之前，教师要充分考虑教学目标和学习结果，将教学计划告诉学生。教师首先要向学生阐明目标应该是广泛的，广泛的目标能够提供更大的灵活性。其次在内容上应该是详细明确的，使学生清楚地知道学习结果将是什么。用口头的或是书面的方式向学生传达。在课程实施中教师还要不定时地提醒学生学习的目标。最后教师可以运用提问的方法引导学生自己阐述自己的目标或结果。

（四）传授学生正确的学习方法

在学习不等于会学习，有的学生事半功倍，而有的学生则事倍功半，这就是会学习与不会学习的差别。学会学习是新课程改革的一项重要任务。很多学生每天花费很多时间在预习复习上，可总是不见效果，这可能就是没有掌握有效的学习方法。

1. 学会提问

学生从小接受的教育就是要遵守纪律，课堂上要认真听讲，禁止讲话，教师更多注重学生的接受能力和掌握能力，这无形中抑制了学生提问的积极性及主动发现问题、探究知识的能力。在学习的过程中，如果学生能够学会自己主动地去发现问题、积极地提出问题，那么就能够激励他们学习的主动性，对学生的学习会有积极的促进作用，并能够使学生主动热情地投入学习中去。

2. 学会倾听

首先，翻转课堂最重要的就是课前的教学视频，这就要求学生认真倾听视频内容，同时进行深度思考和及时记录。遇到听不懂的地方可以暂停，重复听，甚至在短暂的休息之后接着听。其次，由于学生在翻转课堂中占据了主体地位，因此除了要像以前那样认真倾听教师的课堂讲解以外，还要善于倾听同学的提问和解答，倾听并参与同学之间的交流。学生能否做到认真倾听是影响整个教学效果的重要因素。

3. 学会协作学习

建构主义教学通常采用大量的协作学习，其理论构想是：如果学生互相讨论问题，那么他们更容易发现和理解复杂的概念。很多学生发现，和同学一起讨论课堂中的问题是很有帮助的，学生两两组合或者三四人一组，轮流概括所学知识。当一人概括时，其他人可订正出现的错误或者遗漏，然后再互换角色。

4. 学会反思

在教学过程中，要引导学生对一些问题进行反思。例如，在自学和课堂上听过的语法当时理解、懂意思、会造句，但是实际应用的时候就忘了用。教师可以引导学生反思这是为什么，是当时没有真正理解，还是因为没有语言环境造成的。教师还可以引导学生在一些日本电影、电视剧里找到类似的表达方法，考虑当时为什么没有想到这种用法。通过这些引导，加深学生对问题本质的认识，有利于培养他们的观察能力和分析能力。

（五）多元化的教学评价

对学生进行评价，其重要的功能之一就是给教师提供教学有效性的反馈。如果教师不知道学生是否掌握了教学的重点，那么教师便无法做出有效的评价。课堂中的提问、对学生的学习进行观察，这些都能给教师提供学生的学习情况。教师必须用某种方式定期地对学生的学习情况进行测查来确定自己的教学是否有效，哪些学生需要额外的教学辅导。学生则可以根据测验结果来检验自己的学习策略是否有效。

1. 形成性评价

形成性评价的有效性取决于所提供信息的可靠性与正在进行的教学课程的联系程度、及时性和经常性等。

（1）在单元课程结束后进行一些经常性的小测验，口头的翻译测验或简短的书面学习测验。

（2）是否能与小组成员达成一致，检测是否真的得到效果，是否有参与到小组成员的学习讨论当中；对于教师提出的问题是否能够解答并表达出自己的观点和想法；能否准确无误地听从教师的命令，并正确地展开活动，能否将所学的知识内化于心，能否做到意识和实践相结合，即做到知行合一。

2. 终结性评价

终结性评价是在教学单元结束后对学生的知识掌握情况进行的测验。终结性评价应该与形成性评价和课程目标紧密地联系起来。例如，在学期末，教师对学生进行统一测验，以此来检验他们对知识的掌握程度。但是学生的终结性评价并不是一次形成的,而是由多个形成性评价组成的。

第五章　小组合作学习在日语教学中的应用

第一节　小组合作学习的相关论述

一、研究现状

（一）国外研究状况

截止到目前，国外对小组合作学习的研究已经历时几十年了。美国、德国、日本、加拿大、澳大利亚、荷兰、以色列、尼日利亚等很多国家和地区的教师都在使用小组合作学习这一教学方法。小组合作学习逐渐成为一种越来越受教师和学生欢迎的教学观念和例行常规。日本犬山市开展了以小组合作学习为原则的少数人的教学活动，犬山市的教学原则有以下几点。首先，兴趣是学习最有效的动力。教师必须唤起学生的学习欲望以促进学生的学习，并且只有在这种教学过程中学习才能够顺利地进行。其次，在教学要求中加入并重视参加、合作、成果这三个因素。为了使学生积极地参与学习，教师一定要制订学习任务。为了提高学生的学习成绩，学生彼此间需要相互鼓励，展开有效的合作，因此需要成立学习小组。同时，学生之间的配合可以起到相互影响的作用。在课堂教学中，学生向他人表达自己的想法，可以使学习态度达到一致。学习以后取得的成果可以被每一个学生所掌握和分享，这种机制的实现还需要进一步完善。最后，使学生主体性的学习成为可能的目标学习。根据各自学校的特点，犬山的教师们对教学进行了设计，有的学校则采用任务型学习模式，即根据目标任务设计教学，在单元导入的第一时间先向学生解释单元的学习计划，让学生知道要学习什么，将内容预测、内容评估、学习顺序三点预先传达给学生。学生在学习内容之前就预先明了了，这可以帮助他们正确地理解现在所学内容的定位和意义，他们在学习的过程中就可以很好地对自己理解的程度做出监控。大量研究表明，在提高学生成绩、改善课堂氛围、促进学生能力全面发展等方面，小组合作学习有着明显的效果。

近些年来，日本将小组合作学习的教学活动命名为"协动学习"。池田玲子的小组作文学习和馆冈洋子的小组阅读学习是其中最典型的代表。池田玲子在作文学习中引入"协动学习"的方式，将学习者按对或者小组进行分配，学生间就作文互相提出修改意见，并反复推敲。小组活动并不仅限于写作之后，而是贯穿于探究作文的主题到完成写作的整个过程。通过小组活动，学生间相互解释并说明自己的想法，从而不断对作文进行完善和加深。由于学习者的个性特点、文化背景存在差异，因此不同的对话和写作活动会产生不同的效果。通过小组作文学习这种形式，地位平等的学习者之间的不同观点得到了很好的处理，彼此之间产生了无意识的反馈影响，使作文推敲这个教学活动变得更加灵活。池田玲子提到，小组合作学习活动在提高学生写作能力的同时，帮助他们构筑起社会关系。这是小组作文学习的一个重要成果。馆冈洋子在讲解阅读理解时提出了小组阅读活动这个概念。小组阅读活动指的是学习者通过对话，发挥彼此能力共同学习的方法。小组成员在一起阅读文章的时候，边提出自己不明白的问题，边回答彼此提出的问题。除了有关于词句和对文章内容进行理解的问题，小组成员还会对文章的结局做出预测，有的时候还会发表各自的观点，甚至展开讨论，从而加深对文章的理解，以及对自己的思考方式和价值观进行重新审视。小组成员不仅要对教师提出的问题进行回答，还要回答其他小组成员提出的问题，培养了学生自主学习的能力。合作是小组阅读活动最重要的概念也就是人们之间相互合作进行的创造性活动。馆冈洋子认为，通过协动使得小组成员能够互相协作，开展一些创造性的活动，以发挥各自的作用。她将以"协动"（也就是合作）作为宗旨的学习命名为"协动学习"。小组写作活动和小组阅读活动以小组合作学习为中心进行"协动"，并对成员之间的相互作用进行了展示。

（二）国内研究状况

20世纪80年代末开始，我国对小组合作学习展开了理论研究和实践探索，取得了一些成果。但是，由于偏重对理论的引介和探讨，将小组合作学习应用在教学当中也是最近这些年才开始的。很多高校的日语课堂都采用教师主导、学生被动听课的教学模式，采取小组合作学习模式的比较少，积累的经验自然也不会很多。在对学习者推敲作文的小组反应实验做出的研究里，我们能够看到在小组活动中我国学习者有如下不安：通过小组活动学习，第二语言知识不完全的学习者能够相互学到他们需要的知识吗？从有准确知识的教师那里学习不是更有效吗？也许，对于彼此熟悉度比较高的学生而言，他们之间能够学到知识，但是熟习度高的学习者能从和熟习度低的学习者开展的小组活动中受益吗？在这些实验的基础上，中国海洋大学的王文贤进行了一次实验。以某大学日语专业的44名学生为研究对象，王文贤在两个月的时间里进行了8次实验。他让这44名学生听一段200词左右的小短文，然后以小组为单位进行再创作。王文贤的实验为学习者之间的协动对话，为第二语言学习的研究提供了重要的资源证据。这个实验佐证了"协动学习"（也就是小组合作学习）通过协动对话使熟习度不同的学习者能够相互学习，实现互惠互利。同时表明，对于这种互相协作的主动学习形式，学习者是非常喜欢的。因此，日语教师大力提倡这种学习者通过互相协作的方式完成共同任务教学方法，以实现以教师为主的教学模式向以学生为主的教学模式的转变。另外，在日语听力、阅读和会话的教学实践中，吴二林曾运用小组合作学习的教学方式，取得了很好的教学效果。吴二林的实验结果充分证实了小组合作学习有利于提高学生学习日语的兴趣，能够培养他们良好的日语学习习惯和用日语进行交流合作的能力。

二、小组合作学习的概述

（一）定义

小组合作学习也叫作合作学习。它起源于20世纪70年代初的美国，在20世纪70年代中期到80年代中期取得了实质性的进展。小组合作学习是一种集创意性和实效性为一体的教学理论和策略。这种教学方法以小组为基本的组织形式，系统地利用教学动态因素之间的互动来促进学习，以团体成绩为评价标准，共同达成教学目标的互动。

（二）理论基础

小组合作学习是建立在社会学、心理学等学科之上的，其代表性的理论基础有：建构主义学习观、社会学习理论和人本主义学习观。建构主义认为，认知的主体是学生，强调学习的主动性、社会性、情境性。在整个教学阶段，教师不是知识的灌输者，教师实际上是学生知识建构的帮助者，教师在构建有意义、平等的师生及生生对话中活跃课堂氛围的同时，协助开发学生的差异资源，进而改善课堂教学，实现学生在最近发展区内个性的发展和对知识的主动意义建构。美国社会心理学家班杜拉（Bandura）认为，人类的学习大多发生于社会情境中，发展只能产生于社会学习。班杜拉将观察学习分为注意、保持、动作再生、强化和动机四个过程，其理论强调了社会性学习的环境，特别是人际关系对学习的重要性。这一点对于强调学生之间协作互动的小组合作学习具有启发意义。美国心理学家马斯洛提出了需要层次理论。马斯洛认为，人的社会需要，也就是和他人相互作用，对学习有极大的促进作用。美国著名的心理学家、教育学家罗杰斯则提出了"以学生为中心"的课堂教学模式。罗杰斯认为，教师的任务是通过为学生提供各种学习资源、创设学习氛围，让学生自主学习。因此，教师必须采取一系列的措施，其中包括"开展同伴教学，发挥同伴之间的个别指导作用""采取分组学习，让学生自由选择学习方式""建立交朋友小组，为个体提供一种坦诚交往的环境"等。这种学习观和小组合作学习的理念是非常一致的。

（三）原则

1. 适合性原则

适合性原则指的是我国的日语教师要根据学生的特点、课堂的实际情况开展活动，而不是完全照搬照抄国外的小组合作学习模式。以使用目的语进行对话是国外语言教学开展小组合作学习的前提条件，学生是学习的主体，教师扮演着辅助学生学习的角色。但是在我国的外语教学课堂上开展的小组合作学习是允许学生使用适当的母语的，这样有利于教学活动按照既定设计方案顺利地开展。同时，学生很重视教师在活动中的指导。因此，教师在组织学生进行小组合作学习的时候应该注意以下两个方面：

（1）有关母语的使用

一直以来，人们受到行为主义心理学的影响，认为母语会对外语学习形成干扰，在外语课堂上应该尽量避免使用母语。但是从社会文化理论的角度来讲，作为人类思维发展的中介工具，母语对外语学习有着积极的推动作用。安东（Antón）和迪卡米拉（Dicamilla）从社会文化理论的角度分析了外语课堂小组活动中母语的使用情况。他们发现，学习者通过使用母语实现了社会性认知活动，比如"搭建支架""建立主体间性""使用私语"，实现了高级自我调控，推动了外语学习。同样从社会文化理论的角度，我国的金月、郭丽杰阐述了母语在二语学习中的作用。她们指出，母语潜在的影响不应该是二语学习者努力去避免的，而应该作为学好二语的一种策略，尤其是在二语发展不成熟期，学习者还无法运用二语进行高级认知活动，此时，母语的概念系统可用来协助学习者规范高级认知过程，并辅助高级二语对话表达能力的发展。从以上的研究中我们能够看出，在实施小组合作学习的时候，尤其是处在日语学习的初级阶段，教师并不需要强迫规定学生使用日语而不是汉语进行交流。学生使用母语能够帮助他们完成对话和进行知识内化的高级认知活动。

（2）教师所起的作用

在小组合作学习中，教师的定位由传统教学模式中的知识传授者转变为学生学习的辅助者。教师的角色发生了变化，必然会对学生自主学习能力的培养起到促进作用。但是，教师的讲解对学生的作用也是不能被忽视的。特别是在教学活动中学生需要较多地使用母语的时候，教师的讲解成为向学生提供规范的日语表达、帮助他们改正错误的重要一环，是不能缺失的。开展小组合作学习活动不等于放弃教师的讲解。在小组合作学习活动中，除了要组织活动、辅助学生完成对话，教师还要进行必要的讲解。

2. 阶段性原则

一直以来，日语专业的课堂教学都是以教师讲解为主，学生则被动地接受知识。将小组合作学习活动引入日语专业的课堂需要学生经历一个适应阶段。阶段性原则指的就是根据课堂的实际情况、学生的语言水平、接受能力循序渐进地开展小组合作学习活动，使学生逐步适应这种教学模式。阶段性原则有以下三方面的含义：

（1）合作学习活动步骤的分层

在威利斯（Willis）的基础上，埃利斯（Ellis）提出了应该把任务型教学分成任务前阶段、任务中阶段、任务后阶段三段流程。埃利斯认为，任务前阶段和任务后阶段的活动是可有可无的，但是任务中的活动是必不可少的。受埃利斯观点的影响，教师一直以来都很重视设计和实施任务的中阶段，忽视任务前阶段和任务后阶段。笔者在多年的教学实践中发现，无论是任务前阶段，还是任务后阶段，抑或是任务中阶段，它们对于小组合作学习来说都是很重要的，教师需要精心地设计每个阶段。为什么这么说呢？首先，如果学生没有小组合作学习活动的经验，那么教师的指导就显得格外重要。教师需要在任务前阶段和任务后阶段投入更多的精力。正如馆冈洋子和池田铃子所说，在任务前阶段教师要向学生讲明合作学习的意义、播放活动视频，在任务后阶段教师要组织学生进行反思。教师可以通过这些手段使学生明确活动的意义，调动他们参与教学活动的积极性；其次，小组合作学习要求学生之间通过对话开展高级认知活动，完成学习。要想进行高级认知活动必须保证对话的质量。因此，学生需要在任务前阶段做好充分的准备。只有这样，学生才可能在任务中阶段的对话过程中发挥出个人的能力，推动学习向纵深发展。与此同时，教师需要在任务后阶段给予学生及时的反馈，帮助学生梳理学习要点，对自身的不足有正确的认识，为更好地参与下一次活动打下基础。

（2）传统课堂教学和小组合作学习活动的分层

随着外语教学研究的不断发展，教师讲解、背诵、机械性语言训练等传统的外语教学方法饱受诟病。近年来的外语教学理论和实证研究证明，传统课堂教学方法不但对巩固学生的语言知识有重要的作用，而且对听、说、读、写各项语言技能的培养大有裨益。由此可见，传统教学方法和小组合作学习各有所长，侧重点各不相同。传统教学方法侧重帮助学习者明确基本语言知识、熟练语言技能，小组合作学习侧重鼓励学生探索知识、构建知识。如果说传统教学方法是基础的话，那么小组合作学习则是在此基础上的提升。国外外语课堂上的小组合作学习活动经常是贯穿在整堂课里，甚至是整个学期，将这种方式照搬到我国日语专业课堂显然是不符合实际情况的。我国日语专业的学生大都是进入大学以后才开始学习日语的，在课堂上需要运用传统的教学方法帮助他们掌握语言知识和语言技能，打牢语言功底。因此，在日语课堂上引出小组合作学习活动不是取代传统的课堂教学模式，而是要将两者有机地结合起来，掌握好适当的比例开展教学活动。

（3）日语学习初级阶段和高级阶段的小组合作学习活动的分层

关于这一点，我们可以从两个方面进行考虑。首先，正如上面所说的，日语专业的学生在进入大学后才开始学习日语，因此在日语学习初级阶段应该多一些以教师为主导的活动，打好语言基础。随着学生语言水平的不断提高，教师逐步增加小组合作学习活动。其次，初级阶段和高级阶段的小组合作学习活动的内容也应该有所不同。初级阶段以帮助学生打好日语基础为目的，可多开展以学习语言本身为目的的小组合作学习活动。到了高级阶段，可以开展以学习语言材料内容为目的的小组合作学习活动，在实现语言应用的基础上，拓展学生的知识面，锻炼他们的思维，培养他们的人文素养。

3. 系统性原则

目前，国内外进行的小组合作学习活动基本上停留在单个活动的设计、实施、验证阶段，随意性比较大。系统性就是对活动的安排有一个整体规划，使小组合作学习真正地融入课堂教学中，成为课堂的一个部分。从系统性原则出发，在日语课堂教学中引入小组合作学习活动，我们需要注意如下两点：

（1）活动和评估相结合

评估是检验学习效果的重要手段。近年来，学术界对评估功能的认识发生了变化，学者们认为评估不仅是检验学习结果的量具，也是激发学习者学习动机、帮助学习者调控学习过程、帮助教师反思教学的重要手段，评估和教学的关系紧密，评价标准直接影响学习者参与课堂学习的方式。日语教学的评估由教师掌握，教师根据成绩来评估每个学生，这一评估标准无形中制定了"教师讲、学生听"的行为规范，与以教师为主导的教学模式相呼应，形成了一套体系。小组合作学习活动以学生为主体，将学生视为一个学习共同体，以成绩定优劣的形式来评价学生显然和活动的"合作"宗旨是不符的。笔者认为，在评估小组合作学习的时候，教师可以借鉴池田铃子、馆冈洋子提出的自我评价、生生互评的方式，将其和教师评价结合起来。这样，既照顾到了学生对教师评价的期待，也使评估切合小组合作学习的特点。

（2）保证活动的连续性

日语教学经过长期的实践形成了自己的一套体系，课堂教学由四个部分组成，即生词学习、语法学习、课文学习、应用练习。学生熟悉各环节的授课目的和方式，容易参与其中。小组合作学习对于学生来说是新型课堂活动，要使他们熟悉并习惯这种活动形式，教师可以将部分教学内容以小组合作学习的方式呈现出来，创建小组合作学习活动的课堂环节，保证活动的持续开展，而不是让学生觉得只是教师的"一时兴起"。

（四）基本要素

小组合作学习具有五大要素，具体分析如下：

1. 积极互赖

积极互赖指的是学生们要认识到他们不仅要为自己的学习负责，还要为其所在小组的其他同伴的学习负责。

2. 小组和个体责任感

小组和个体责任感指的是小组成绩取决于小组总的任务的完成情况，小组成绩将影响个人成绩。

3. 面对面的促进性互动

面对面的促进性互动指的是学生们有机会相互解释所学的东西，有机会相互帮助、理解、完成作业。

4. 小组合作技能

小组合作技能指的是期望所有学生能进行有效的沟通，对小组的活动提供指导，建立并维护小组成员之间的相互信任，有效地解决组内冲突。

5. 小组自评

小组自评指的是合作学习小组必须定期地评价共同活动的情况，保持小组活动的有效性。

小组合作活动的这五个基本要素是缺一不可的。小组合作活动的精神支柱是积极互赖、小组和个人责任感。学生们利用小组合作技能，通过面对面的交流互动和小组自评的活动形式，最终完成小组成绩的学习目标。

（五）基本方法

小组合作学习有五个基本方法，具体分析如下：

1. 学生小组成绩分工法

学生小组成绩分工法指的是将学生分成4人一组的异质小组。教师先进行讲授，然后学生进行小组学习，最后进行个人测验。计分方法使用提高分计分法，即把小组成员的提高分数累加在一起组成小组分数，达到一定标准的小组能够获得认可或者奖励。

2. 小组游戏竞赛法

小组游戏竞赛法为约翰斯·霍普金斯大学所创。这种方法代替了每周一次的测验。各小组中学习成绩差不多的学生相互之间展开竞赛，为各自的小组赢得分数。为了使参与竞赛的对手水平保持一致，教师会根据每周的竞赛成绩对学生做出动态的调整。

3. 切块拼接法

切块拼接法是由阿伦逊（Arnason）和他的同事共同设计的。每6名学生组成一组。学习材料被分割成片段分配给每个小组，学习同一内容的不同小组成员组成"专家组"，共同讨论分配的学习内容。然后各自回到小组内，将他们学的内容轮流教给组员。而著名的教育心理学家斯莱文（Slavin）对切块拼接法做出改良和修正。小组成员参加测验，用小组成绩分工法的记分方法来计算小组得分，达到预订标准的小组获得认可。

4. 共学式

明尼苏达大学的约翰逊（Johnson）兄弟开发出了共学式。4或5名学生组成异质小组，教师指定每组学生需要学习的作业任务。小组成员共同完成一份作业，教师按照每个小组的成绩对学生进行表扬或奖励。

5. 小组调查法

以色列特拉维夫大学的沙伦（Sharon）夫妇开发出了小组调查法。每个小组从全班要学习的单元中选出一个子课题，将其分割成若干个个人任务。小组成员为准备小组报告开展必要的学习活动。最后，每个小组向全班做介绍或者展览。

无论是哪一种学习方法，都有其自身的特点。学习小组成绩分工法和小组游戏竞赛法运用了教师授课和小组活动相结合的模式，前者侧重每个成员分数的提高，后者通过同等水平成员竞赛侧重成功的均等机会。切块拼接法则是学生为其他成员讲授自己所讨论和学习的内容，每个人要想掌握其他的内容，唯一的途径就是认真倾听所在小组成员的讲解，因此他们更具有彼此支持的动机，并且表现出对彼此作业的兴趣。共学式比较重视小组的组建，小组自评和推荐小组等次等等。小组调查法则适合于把获得、综合、分析信息融为一体的探究性问题的教学。如历史、文学等学科的教学。

三、日语教学中如何处理教与学的关系

（一）日语教学要以学生为主体

"教学"，顾名思义应教会学生学习，然而有的教师却是为了教而教，

从教出发，为教服务，不管学生是否能够学会。这些教师上课的实质是以教为中心，教师讲，学生听。这在日语精读课上表现得尤为突出。例如，上课时教师把课前准备好的词汇、惯用句型、段落、篇章结构滔滔不绝地讲给学生，课堂上满堂灌，最后留给学生很少的时间做练习，在练习中还要控制出现的错误，有错必纠。这种课教师讲得虽然精细，但分量太少。教学实践证明，这种教学效果很差。学生虽然掌握了一些语言知识，但远远没有掌握听、说、读、写的语言能力。要想使学生把日语作为交际工具来掌握，必须从理论和实践上把教学重心由教转向学。

学生的学习是一种独立的活动，无论教师怎样教，最终都要通过学生自己的学习来掌握，任何人也代替不了。可见，学生的学是学会的内因，教师的教是学会的外因。外因要通过内因而起作用，教师的一切教授活动最终要落实到学生的学习活动上。这就是说内因最终起决定作用，因而教学要以学生为主体。目前，一些先进的教学理论对教与学的关系进行了深入的研究。苏联的赞可夫提出的"使学生理解学习过程"的原则和美国的布鲁纳（Bruner）倡导的"发现法"的核心是把学生看成学习的主体。近年来，出现了一些新的外语教学法，如外语启发式教学法、默教法、程序教学法等，这些方法的共同点之一就是以"学习者为中心"。以学习者为中心的实质是让学生在学习外语时有一种安全感、轻松感，不怕错、不羞于开口。教师要"默教"，起指点作用，要让学生大胆实践。在日语教学中以学生为主体就是承认学生是学习的主人，教是通过学而起作用的，日语主要不是教师教会的，而是学生练会的。因此，上日语课要让学生敢于开口，多说多练日语。为了鼓励学生敢于实践，日语教师要创造生动活泼的课堂气氛。

（二）日语教学要以教师为主导

日语教学不仅要以学生为主体，还要以教师为主导。教学是师生双边活动，是对立的统一。在教学过程中，教师处于主导地位。因为教师会日语，学生不会日语，学生要想学会日语就要向教师学习。一个合格的日语教师应是从理论和实践上掌握日语，具有广博的文化知识、教学能力、正确的世界观和良好的道德品质。教师在教学中要起到传道、授业、解惑的作用。笔者根据先进的外语教学理论和多年的教学经验将外语教师的主导作用概括为下列四个方面：

（1）帮助学生树立正确的学习目的和良好的学习动机，培养学生顽强的学习毅力，调动学生学习的自觉性和积极性；

（2）按照学习外语的规律与科学的外语教学理论，结合本校的教学实际组织教学过程，使教学过程最优化和交际化；

（3）教给学生科学的学习方法，特别是自学的方法；

（4）结合双基教学和交际能力的培养，发展学生的智能。

上述四个方面是从宏观层面对教师主导作用的概括，此外我们也要从微观层面探讨在外语教学中发挥教师主导作用的具体做法。例如，教师备课时善于抓住重点和难点，上课时进行画龙点睛的讲解，留下大量时间让学生操练，不仅动脑，还要动手，更要开口。基本上做到当堂理解、消化、巩固。高年级教师更不要代替学生查字典、找材料，而是课前指导预习，课上解答疑点和"导演"学生言语实践活动。课堂气氛要活跃，使全班学生兴趣盎然，个个跃跃欲试地要参与语言实践活动。教师可问学生，学生可问教师，还可师生互相提问。教师要和蔼可亲，正确对待学生说练日语时出现的错误,讲究纠正方法,不要使学生因怕出错误而羞于开口不敢大胆实践。为了使课堂交际化,要进行情景教学,广泛利用音频、视频、图片等让学生根据提供的情景用日语进行交谈、讨论、问答。一堂课从讲到练,随着教学内容和进程的变化,方法要多样化。当然,在日语教学中教师主导作用的发挥不止这些,上述的做法仅仅是作为举例而已。

(三)日语教学要以言语实践活动为主线

教师要摆正教和学的关系,必须把学生为主体和教师为主导真正地统一起来。在教学中,学生的学是在教师教之下的学,而教师的教是为学生的学而教的。可见,主体和主导是相辅相成的。在日语教学中如何使学生的主体作用和教师的主导作用有机地统一起来呢?教学实践证明,只有把学生组织到一个"言语实践活动为主线"的交际化教学过程中,才能实现两者的统一。日语是交际工具,要掌握日语这个交际工具,就离不开听、说、读、写的语言实践活动。因此,将语言实践活动作为主线,是由日语这门学科的工具性决定的。

在日语教学中,无论是教还是学,都应该通过语言实践活动进行。教师的主导作用表现在:从交际目的出发,精选语言材料,设计最佳的教学路子,合理组织交际化的教学过程。学生的主体作用表现在:在教师安排的交际化教学过程中积极主动地进行语言实践活动,最终掌握日语这个交际工具。

第二节　小组合作学习在日语课堂上的具体实施

一、教材的选择

综合日语课程是我国高校日语本科专业的一门基础课程，对于日语初学者特别重要。这门课程的内容不仅涵盖了听、说、读、写、译等技能层面，还包含了日本文学、语言学、社会文化等知识层面，可以说是日语专业基础课程中总课时数最多、覆盖面最广的一门课程。它能够帮助学生从理论和实践两方面了解并掌握日语这门语言。因此，选择符合小组合作学习理论的教材是极为重要的。笔者所在的学校选用了高等教育出版社出版的《基础日语综合教程》作为教材，是因为这套教材符合小组合作学习理论。这种契合性主要表现在以下三方面：

（一）话题贴近大学生活

这套教材打破了传统的以语法为纲的编写模式，以新生入学为开端，围绕交流协作，从"人际交往""日常活动""大学生活""日语学习""情趣爱好"等方面设置内容。

（二）形式多样

这套教材不仅注重语言输入环节，还注重输出环节。在输入环节中，选取和单元话题联系密切的图表、照片、对话等多种形式，改变了以往单一的形式，使教材兼具实用性和趣味性。

（三）方法富于启发性

在教材的课文设置中，均不明确提供语法信息，而是以引子的方式使学习者通过查询工具书来获取语法知识。此外，在课程任务结束后还配有评价表，便于学生对自身的学习成果进行实时检验。

综上所述，这套教材在话题、形式、方法上显示了与小组合作学习理论的契合性，为开展小组合作学习奠定了基础。

二、教学活动

在引入小组合作学习理论之前，为了了解学生对综合日语课程的学习情况，笔者对学校 2017 级和 2019 级日语专业的 93 名本科生进行了一次问卷调查。内容包括学生课前、课中、课后的学习情况。在收回的 89 份问卷中，笔者发现大部分的学生对小组合作学习的接受程度一般，其原因有两点：一是学生在高中阶段形成了依赖教师的思维定式，共同完成学习任务的意识相对薄弱；二是学生对小组合作学习的理论缺乏必要的认知，在意识层面难以将个人学习和团队合作进行有效的关联。但是我们从调查问卷中也能够看到，在高校日语课堂教学中采用小组合作学习具有可行性。根据这次调查问卷的结果，笔者于 2017 年 10 月至 2019 年 12 月期间，面向所在学校 2017 级和 2019 级日语专业的 93 名本科生，在综合日语课程中引入小组合作学习。总体来说，教学活动可以分为合作实用型和合作翻译型。

（一）合作实用型活动

合作实用型活动指的是以解决日常生活中的简单问题为中心展开的

活动,再通过小组合作建立学生学以致用的学习态度。为实现此目标,笔者在课堂教学中安排了贴近学生生活的教学活动,比如使用日语进行问路、指路、点餐、采访身边的人或事、模拟应聘兼职等。在各项活动中,问路、指路活动完成度比较高,体现了小组合作解决实际问题的成果。笔者将2017级学生中的40名学生分成8组,让各小组交替扮演问路人和指路人,完成如何从火车站到学校图书馆的问路、指路任务(学生需要写出主要的换乘点)。学生以小组为单位,在组长的带领下以完成指路路线为中心,积极展开交流,设计了符合各组特色的路线,并在课堂上进行了角色扮演。这次活动通过模拟真实语境,至少在两方面增强了日语初学者的合作实用意识。

1. 该活动调和了日语教学中存在的听说和读写相脱节的矛盾

通过开展此项活动,将学生置于脱离书本的实际语境中,调动他们使用日语准确说明路线的主观能动性,使读写中掌握的知识再现到了实际应用中。这不仅巩固了读写中的基础知识,也锻炼了学生倾听和表达的听说能力,有效地平衡了传统教学中听说和读写的比重。

2. 该活动使学生认识到了教材中的标准答案和实际应用的区别

在日语学习中,符合语法规则,但是不适用于实际生活的表达方式并不罕见。通过合作实用型活动,我们可以看出在综合日语课程中安排贴近大学生活的教学活动,鼓励学生以小组为单位,积极开展合作完成此类活动不仅增强了学生在日常生活中使用日语的意识,也提高了学生使用符合日语习惯表达的能力。

（二）合作翻译型活动

合作翻译型活动指的是通过采用小组合作的形式，共同翻译日语文章的活动。众所周知，翻译不仅是学生掌握外语的途径，同时是培养掌握母语和外语的双语人才的途径。特别是日语学生，翻译活动极为重要。因为中日两国的语言中都存在汉字，但其意义又不尽相同，导致日语专业的学生极易望文生义，产生日式中文或者中式日文的错误。因此，此项翻译活动的主要意图在于使学生深入认知中日语言的差异。由于学生仍处于初学阶段，因此翻译内容以贴近大学生活的非正式文体为主，选取了1 000字左右的日语文章，要求学生以小组为单位将其翻译为汉语。在这次小组合作翻译活动中，学生在避免望文生义、思维转换等方面均有所提升。首先，小组合作翻译活动在一定程度上使学生摆脱了望文生义，避免产生日式中文的错误。从小组合作翻译的过程中我们不难看出，一些日语初学者在翻译中日文均存在的词语时，望文生义，没有彻底搞清楚词语在中日文中的异同，出现了日式中文表达。经过小组合作讨论环节，这些学生意识到联系语境精确把握中日文均存在的词汇的重要性。其次，小组合作翻译活动对学生的思维转换产生了一定的影响。学生经过小组讨论听取了其他成员不同的声音，意识到日语谓语一般位于句末，但汉语谓语一般置于前面，翻译时需要转换中日文思维，选取符合汉语习惯的表达进行精准翻译。

综上所述，通过开展小组合作翻译活动，学生认识到中日表达的差异，为其掌握中日双语奠定了基础。

第三节　小组合作学习的效果及教学反思

一、教学效果

评价在小组合作学习开展的教学实践活动之后进行，为的是了解小组合作学习对学生自主学习综合日语课程的影响，笔者进行了第二次问卷调查。在回收的91份有效问卷中，笔者发现，大部分学生接受小组合作学习活动，验证了小组合作学习理论在综合日语课程中的重要性和有效性，主要体现在如下两方面。

（一）学生的合作意识较强，形成了牢固的同伴关系

比如在第9题"在综合日语课程，小组合作中你有帮助他人的体验吗？"有90名学生回答有帮助他人的经历，其中有的学生谈到自己被同伴需要，感觉很幸福，答疑解惑后很有成就感，也加深了同伴之间的友谊。还有的学生提到自己的日语掌握得不太好，但在小组合作中偶尔想到不错的翻译或者谈自己的看法后能够帮助到同伴时，感觉很开心，增强了学习日语的自信心。融洽的组内关系有利于提升学生学习日语的兴趣。同伴间的情感纽带不仅使学生本人感觉获益颇多，也产生了强大的凝聚力。

（二）学生在小组合作活动过程中通过组内、组间的交流，发现并提升了自我

在第19题"与小组合作前相比，你与他人用日语交流的能力如何？"有47名学生回答日语交流的能力提高了，这体现了小组合作学习在提高学生熟练掌握日语语言能力方面的有效性。在第20题"与小组合作前相比，你自己管理自己的能力如何？"有73名学生回答学习或做事比以前更有条理了。这体现了小组合作学习在培养学生良好的学习习惯方面的有效性。

二、教学反思

（一）合作学习最大的特点就是学习者通过对话完成任务

这一特点涵盖了两层含义：其一，使用目的语进行意义协商，促进目的语习得；其二，通过语言交互实现知识的内化。对于JSL日本学院（以下简称JSL）环境下的学习者来说，日常他们有更多的机会接触到日语，使用日语完成意义协商相对容易。JSL的学习者来自不同国家，日语是他们的共同语言，在合作学习活动中会自然地使用日语交流。然而，对于JFL环境下的中国学习者来说，他们日常接触到的日语有限，受语言能力的制约较大，仅用日语很难实现知识内化的目标，因而在活动中往往会切换成母语完成对话。

（二）合作学习立足于社会建构主义认知观

认为认知发展是将社会层面的交互内化的过程，而不是个体接受外

第五章 小组合作学习在日语教学中的应用

部刺激进行消化的过程。以此为依据，在合作学习活动实施过程中，学习者之间的对话几乎占据了全部课堂时间，留给教师讲解的时间极为有限。对于 JSL 环境下的学习者来说，课堂学习只是语言学习的一部分，大量的语言接触发生在课外，学习者在日常生活中可以自己领悟并归纳出语言的规则。而对于 JSL 环境下的学习者来说，目的语学习基本发生在课堂，课下目的语的接触量极为有限，学习机会少。因此，在 JSL 环境下教师必要的讲解就显得尤为重要。由上可见，合作学习的开展受环境制约，要使合作学习在我国日语课堂顺利展开，有必要根据我国特定的教学环境、学习者的特点做出相应的调整。

第六章 Seminar（研讨课）教学法在日语教学中的应用

第一节 Seminar 教学法应用于日语教学的理论基础

一、Seminar 教学法的研究现状

（一）Seminar 教学法概念的界定

Seminar 起源于 18 世纪，在世界各国有着广泛的影响，但目前就 Seminar 的定义还没有达成共识。

马启民将 Seminar 界定为一种教学范式，认为 Seminar 有着明确的教学目的、教学计划和教学内容，构成了一个完整的教学体系，具有规范性和内在规定性，在此意义上，Seminar 不仅仅是一种常规性的学习讨论会，在教学过程中，Seminar 是一个内涵丰富、功能独到的教学范式。

沈文捷将 Seminar 视为一种教学法，是学生为研究某些问题而与教师共同讨论的一种学术交流形式，结构上由教师的概要式讲述和专题研究两大部分组成。

Seminar 的研究出发点是关注课堂教学实施状况，将研究对象确定为可以观测的教师的教法和学生的学法。因此，笔者认为 Seminar 主要

是指一种教学方法，以讨论班的形式存在，由教师和学生共同组成，从事教学和科研活动。

（二）Seminar 教学法的特征分析

Seminar 被引入西方各个国家的高校之中，得到了广泛的应用，成为重要的教学方式，有明显的特征。

1. Seminar 教学法具有平等性和民主性

Seminar 教学法强调师生之间相互平等、相互尊重的原则，教师在教学过程中扮演合作者和引导者的身份，淡化了以往以老师为主要地位的权威者。在教学过程中，教师引领学生进行教学主题的认识和理解，培养学生发散性思维，提高学生的自主学习能力、创新能力和独立思考等综合能力。

2. Seminar 教学法具有规范性

Seminar 教学法在教学过程中对教学的开展形式、教学的时间设置以及教学要求有明确的较为严格的规范，它与一般的学术讨论存在很大的差异。因此在 Seminar 教学过程中，只有执行严格的教学规范，才能达到理想的教学效果。

3. Seminar 教学法具有制度性

Seminar 作为一种教学方法，在教学过程中的实施不是随意进行的，是融入教学中紧扣教学主题，从而形成的一种固定的课程类型。这种教学课程类型的产生也逐步影响着教师的授课形式和学生的学习方式。

4. Seminar 教学法具有适应性

Seminar 教学法从 18 世纪的起源到现在 21 世纪的发展，经历了工业时代到经济时代的跨越，Seminar 教学法经历了时间的检验仍然存在，说明其能够顺应时代的演变而不断发展，具有较强的适应性。无论是教学理念的改变，还是教学方法的改革，Seminar 教学法都在实践过程中不断地提炼、总结、完善、更新，因此能够适应日益改变的教学环境。

5. Seminar 教学法具有灵活性

Seminar 作为一种教学方法，应用于西方发达国家的各个学科领域，并且在本科阶段、研究生阶段进行教学实施。Seminar 教学法的开展根据学生水平的差异以及问题的难易程度有所不同，以专题形式存在的讲座或者是主题任务形式的讨论为主。

二、Seminar 教学法在日语教学应用上的理论基础

Seminar 较早应用到教学中，就是由语言学家海涅创办的语言学 Seminar。将 Seminar 应用到日语教学中，可以从语言学等方面探究其理论基础。

（一）日语教学方法和流派

日语教授法，要追溯到 20 世纪之前，那时学习日语的人很少，除了传教士和贸易商人之外，日语还未在东亚汉字文化圈内开展。日语教学最早采用的方法是"翻译教授法"，重视口语会话，轻视文字意思的表达，不太重视读写。

20 世纪 20 年代，日本开始重视对外语教学理论的研究，引进英国

语言学家帕玛（Harold-E.Palmer）创造的"口头教授法"，以培养会话能力为目标，通过口头练习，记住基本句型，对语法不做深入的解释。

20世纪50年代，在日语教育中占主导地位的是"听说法"，强调先理解母语使用者的口语，努力接近发音，其次才是语法结构和语言形态，然后将其无意识地自动发射性使用。通过口头练习使学习者掌握语言材料，重视通过模仿、应答等反复练习掌握基本惯用表现，力求能迅速且无意识地自主使用。

1984年，引入美国心理学家詹姆斯·阿夏（James J. Asher）的"综合·自然·反应教授法"，用于"中国归国者日语学习会"。该教授法以幼儿第一语言学习过程和人脑生理学的理论为基础，与口语相比更重视听力训练，将听和动作一体化进行归纳性学习，提高学习效果。

之后，又引入美国心理学家加蒂格诺（Caleb Gattegno）的"沉默教学法"，教师本身尽量不说话，而通过教具给予指示，学习者按照指示进行会话的练习等。教师要信任学习者的自律性和认知性作用，将学习活动交给学习者。

20世纪80年代传入"自然教学法"，其优点是能够强调足够的理解性输入，并能培养口头交际能力，主张在情境中交际，使其注意力能集中在交流信息上。缺点在于所习得知识不能转化为学习知识。

1984年，岛冈丘将英国语言学家威尔金斯（D.A.Wilkins）的"交际教学法"引入日语教学。以功能语言学和社会语言学理论为基础，其特征是培养表达能力，重视学习者的认知能力和分析能力，与正确性相比更重视流畅程度等。

除此之外，还有"暗示教学法""模拟实践法""社团语言学习教学法"等，被广泛应用于培养应用型、复合型和创新型人才中，并取得了一定的效果。综观日语教学法，多数是由欧美外语教学法引入并加以活用的，而欧美外语教学的方法与流派有语法翻译法、直接法、听说法、认知法、交际法、全身反应法、任务型教学法、全语言教学法、项目教学法、词汇法、沉默教学等。

随着语言学、心理学和教育学理论的不断发展，与日语教学方法相关的研究也不断深化。尤其是语言观的变迁，结构主义语言学、认知语言学、生成语言学、社会语言学、功能语言学等语言学理论，支撑着日语教学方法的更新与发展。

（二）日语教学法应遵循的原则

日语教学基本原则，有认知性原则和交际性原则。因为语言知识的掌握从最初的单词、语法、句型的认知到最终都要落实于语言的实践活动中。语言作为一项工具来组织、加工和传递信息，因此语言被视为世界知识的存储器，它将各种具有意义的范畴按照一定的结构储存在一起，可以帮助我们处理新的体验。在日语教学过程中，教师的重要任务之一就是引导学生充分利用所学的语言知识，通过大量的实践活动，参与解决问题的实际交际活动，以提高学生熟练、恰当地运用语言的能力。

交际能力是作为想成为某一语言社区中的一员必须掌握的能力。这一能力不仅包括语音、词汇、语法，以及其他语言结构知识，还涉及说话者使用和读解语言形式时所需要的社会和文化知识。

Seminar 较早应用到教学中，是由语言学家海涅创办的语言学 Seminar，培养了包括洪堡在内的许多古典学者。洪堡在哥廷根大学的语言 Seminar 里，深刻体会到独立学习思考而不受干扰及进行科学探索研究等带来的快乐，进而把独立学习的理念带进柏林大学，形成自己独特的高等教育思想。

Seminar 教学法在日语教学中的应用，为学生提供了综合运用自然而真实的语言环境，从而实践了日语交际教学法强调的认知和交际原则。学生通过此活动，达到既增长语言知识又得到语言训练的目的。

（三）Seminar 教学法与人本主义学习理论

1. 人本主义学习理论

罗杰斯作为人本主义学习理论的主要代表人物之一，提出了"以学生为中心"的教学理论。他希望学校教育能以人本主义精神培养适应变革所需要的有用人才。他认为，应该以学生的个性发展来确立教学目标。教学的最终目的就是让学生成为自由独立"完整"的人。成为一个有主见，适应能力强，有个性的人。因此，学生应该积极主动地在学习过程中体验各种活动，促使自我形成独立自主的个性和正确的自我概念，锻炼自己的创造能力。而教师是学习的引导者、促进者，鼓励学生体验、实践、合作、探究，发展各项语言的技能，尊重每位学生，尊重他们的情感，营造一个民主、和谐、宽松的学习氛围。

人本主义心理学十分重视对学生学习动机的研究。美国心理学家戴维斯认为，动机使学生变得积极、主动、投入，并且关心学习；它也使学生的学习持久、努力，有恒心，有毅力；动机还能使学生积极地去完成学习任务，实现预期的目标，引导学生的学习方向。而且，由于学生具有学习潜能并具备"自我实现"的动机，因此教师不是教学生怎样学，而是提供学习手段，让学生自己决定怎么学。而教师应该做的还有如何激发学生的学习动机，这一点非常重要。

人本主义理论认为促进学习的方法有：构建真实的问题情境；提供丰富的学习资源；使用学生契约；利用社区、同伴教学、分组学习、探究训练、程序教学、交友小组；自我评价和感情型的师生关系。这些理念与 Seminar 教学法非常契合。

2. Seminar 教学法与人本主义学习理论的契合

（1）构建真实的问题情境，提供丰富的学习资源

如果要使学生全身心地投入学习活动，让学生成为一个自由和负责的个体，就必须让其面临对他们个人有意义的或有关的现实问题。而 Seminar 教学围绕教师的主题，构建了学生真实的问题情境，教师还向学生提供书籍、杂志和多媒体资料等学习资源、安排共同学习的人力资源。

（2）激发学生学习动机，使用学生契约

学习的最初刺激乃是对所学材料的兴趣，即内在动机。Seminar 教学法在教学过程中，教师要尽可能地激发和维持学生的内在动机，有了学习动机后，学生就会主动参与到学习中去。

首先，主题确定后，学生可以根据自己的兴趣和想法，积极主动搜索资料，形成自己独特的见解。然后，通过发表或者讨论，使学生为某一问题而与师生共同研究讨论，促进学生独立思考，充分激发学生发散性思维的深度和广度，提高创新能力。

教学过程中教师要有效利用学生的兴趣、好奇心、挑战性等积极因素激发学生的内在动机，让其认识到学习语言的重要意义。而教师只是

组织者、参与者和帮助者，体现了以学生为中心的人本主义学习理论。

在实行过程中，还要注意使用学生契约。允许学生在规定的范围内自主决定自己的学习目标，给予自由让他们决定自己学习的方向和内容，并确定最后评价的准则。教师尽量让学生将掌握语言的长期目标与短期小目标结合起来，从而长久地保持良好的学习动机。

（3）感情型的师生关系

学生的兴趣态度、学习动机、师生关系等因素会对教学的最终效果产生显著的影响。所以要重视学习过程中非智力因素的影响，比如动机、情感、人际关系等，尤其是感情型的师生关系。

Seminar课堂教学可以建立民主平等的师生关系，打破以教师主讲的传统教学方式，以学生为中心进行小组交流讨论。此时，教师也是平等的参与者。整个教学过程是一种探讨、对话和交流的过程，以问题的提出和解决为主线，诱发学生的求知欲和学习热情。这种轻松的课堂气氛，能让学生走出恐慌自卑心理，积极参与其中，表达自己的观点，展示自我的机会。突出了以学生为中心的教学主体性地位，增强学生学习自信心，引导学生主动学习、积极学习。

Seminar教学法在全面调动学生积极性、主动性，培养学生学习和思考能力，建立良好师生教学关系，同学之间相互协作等方面创造了非常好的条件。这使学生合作学习、相互交流等多方面的综合能力得以培养和提升。

综上所述，日语教学方法、日语教学法的认知和交际原则、建构主义学习理论、人本主义学习理论为本研究的开展提供了广泛而坚实的理论依据，也为Seminar教学法赋予了长久的生命力。而且，其意义的建构过程符合认知规律，体现了知识建构的动态性、连续性，符合职业教育的育人目标，有利于调动学生的积极性、主动性、创造性，可用以培养开拓型、实用型的人才，值得在职业教育领域推广。

（四）Seminar 教学法与建构主义学习理论

1.建构主义学习特征

（1）建构主义学习是目标指引的学习

建构主义的学习是目标定向的，只有学习者清晰地意识到自己的工作目标并能形成和获得所希望的成果相应的预期时，学习才是成功的。学习目标的形成与学习过程中产生的真实任务有关。它产生于学习者与教师、教学内容、学习环境的相互作用之中。因此，在动态的学习过程中，应该鼓励学习者确立自己的目标，通过不同的途径达到目标并评定自己在达到目标过程中取得的进步。

（2）建构主义学习是建构性的学习

学习不是把外部知识直接输入心里的过程，而是以主体"已有的经验"为基础，然后在与外部世界的相互作用过程中，主动构建新的经验、新的心理表征的过程。

皮亚杰认为，人的认知图式是结构与构建的统一，认知图式的建构过程是"同化"或"顺应"的过程，即把新的信息纳入已有的认知图式之中，或使已有的认知图式发生变化的过程。也可以说，学习是累积性的，是以先前的知识为基础的建构与成长。

在解决问题的方法学习中，一般都需要经历一个对原有知识进行激活的阶段，然后再经历"同化"或者"顺应"的过程，重新构建原有知识和新知识的结构联系，完成认知的进一步提升，也就是说达成新知识对原有知识的深化、突破、超越或质变。

2. Seminar 教学法与建构主义学习理论的契合

（1）设置问题情境，进行知识再建构

Seminar 教学法中，教师事先设置好主题，并引导学生进入设定的问题情境中，辅助提供解决问题所需要的工具和方法，比如提供一定的学习资源和工具书，抛砖引玉。接着，搭建探索支架，帮助学生确定好阶段小目标，促使他们积极主动地探索问题情境。

然后，学生调查文献、参考学习资源，独立探索。此时，教师应该给予学生充分的自主权，让他们自己决定探索问题的方向和途径。接下去就是协作学习。通过学生之间，或者与教师的讨论协商，一起解决独自探索过程中遇到的困难和问题。最后，在共享集体思维的基础上达成共识，形成比较正确、全面的理解，完成对所学新知识的意义建构。

（2）自主协作的教学环境，发挥主观能动性和合作精神

Seminar 教学法给学生创设自主学习的环境。学生可以根据主题，自主地选择感兴趣的方向和学习资料，自行安排课前准备的时间和空间，根据自己的实际情况和能力体现学习知识的广度和深度，最大限度地发挥学生的主观能动性。而且，在课前自主探究中发现问题时，不是被动地等待教师解答，必须主动找教师或者与其他同学交流探究，集体讨论或合作研究。由此，锻炼了学生合作学习的能力。

Seminar 这种"自主—协作"的学习环境，促使学生以自主学习为主，多方协作为辅，在研读主题、查阅资料、课前讨论、课堂展示、集体交流、反思总结的过程中，锻炼了学生的自主学习能力、解决问题能力和

团队合作精神。

（3）多方互动会话，有助于知识合作性建构

建构主义强调人与人之间的互动合作性，认为相互帮助、相互合作可以分享彼此多元化知识结构，促进彼此的进步。

维果茨基说人通过交往方式，处于低层次的人会不断从高层次的人那里获取知识和能力，从而达到一个更高的层次。同时，他还强调了沟通的重要性，认为沟通是提高自身能力的基础和必要手段。

Seminar教学是学生为研究问题而与教师共同探讨的教学模式，其核心就是多角度、多层次的认识互动交流。它是一个动态的、双向的甚至多向的知识传递与交流的过程，是认知、思维、情感的统一，在学生与教师、学生与学生、学生与教学媒体的多方互动中，不断重构对知识的理解。而且，教师和学生每个人都有个体差异，所以会以自己独特的方式构建对社会环境的理解，所以这种理解是多元的，在发表与讨论、辩论的过程中，每个学习者的想法都为整个学习群体所共享。随着思维发生强烈碰撞，互相启发，有助于知识的构建。

可见，Seminar教学过程就是教师和学生对世界的意义进行合作性建构的过程。一个互相交流、合作互动的学习过程，更能发挥教师学生的积极性，有利于提高学习效果，并有助于同学之间互相帮助，共同学习，养成集体研究的好习惯。

（4）主导与主体的结合，发挥教学积极性

Seminar教学的特点就是强调学生的主体性和主动性，其核心是学生，无论是课前的自主探究，还是课堂个人发表、集体讨论、师生点评；无论是课上的个人展示、小组讨论、集体答辩和集体点评，还是课后的

反思总结，学生都是整个教学活动的主体，是知识的主动建构者。教师只起到引导和辅助的作用，是教学活动的主导者和组织者，也是学生意义建构的促进者。

Seminar教学既强调学生的主体地位，又重视教师的主导作用，所以能发挥"教"与"学"两方面的积极性。学生从被动接受的"听众"变为主动参与的"演员"，成为学习的主人，能充分发挥其主动性、积极性和创造性。而教师从课堂"独角戏演员"转变为兼具多重功能的"导演"，为学生搭建百家争鸣的舞台。这种教学模式既关注教师的教，更重视大学生的学，使得教学相长，相得益彰。

（5）教学组织结构，体现多次意义建构过程

Seminar教学组织结构，体现了至少三次的意义建构过程。

首先，在课前准备自主探究、课堂个人发表阶段形成了知识的初步意义建构；其次，在集体讨论、相互交流、反驳和辩论的过程中，调整自己的认识结构，形成了再一次的意义建构；最后，在教师总结、师生评价、课后反思阶段，促进知识的"同化"和"顺应"，由此形成了知识的三次意义建构。Seminar课三次意义的建构过程，符合"从实践到认识，再从认识到实践"的认知规律，体现了知识建构的动态性、连续性。

第二节 Seminar 课教学结构研究

一、根据教材提出课题，引导学生自主探索

Seminar 课教学过程中，教师要根据教材内容向学生提出课题。教师可以应用 Seminar 教学模式，布置课题，选取自己喜欢的章节，写读后感，并向同学们介绍。课题不难，学生可借助中文版，阅读理解原著，并选取自己喜欢的章节，查阅教师提供的与主题相关的文章进行梳理，提出自己的感受，准备发言稿和可能被提出的问题答案。鼓励学生插入图片、音乐、动画、视频等，必要时结合 PPT，准备发表。

学生自主选择学习的时间、地点和方式，积极进行自主探究，阅读原著后，查阅相关资料，收集文学作品背景、作者夏目漱石的生平、其他作品的介绍等各方面自己感兴趣的内容，在教师规定的期限内完成读后感。

课堂讨论的质量取决于前期阅读的效果，而阅读的效果又取决于学生的理解水平。学生的理解水平包括两个方面：第一，学生对文章字面意思的理解；第二，根据语境理解文章所要传达的隐含意义，理解语篇之中的言外之意，归纳段落大意，领会写作意图。学生的理解水平又取决于以下能力：对某个句子或者词语的解码能力；复杂句子结构的语法分析能力；使用工具书解决生词和难点语法的能力以及跨文化交际能力等。这些能力的培养都可以通过前期的准备工作来重点体现。

为了确保教学模式的顺利开展,在此阶段,教师扮演的角色是"指导者"和"检查者"。除了指导学生准备课题内容、PPT 制作外,教师还要设计好课堂程序。重要的是,制定一定的检查制度,随时督促及把握学生的准备进度及阅读质量。另外,扮演指导者的教师还必须是课题的深入"研究者",教师要从更加宏观、高层次的角度预测学生的观点,因此要求教师不断提高自己的专业水平和思维能力。而学生也必须克服惰性,强化自控能力,积极准备讲稿。

二、学生进行个人发言

教师或学生主持人就本次课程的内容进行简单介绍后,可按顺序指定或随机抽取 3 名学生上讲台发言,学生将自己准备好的讲稿结合 PPT 进行陈述,鼓励其适当使用图片、视频和音频等多模态元素。最好能脱稿发言,尽量用日语发言,这样更能体现出学生对内容的理解,同时锻炼胆量,增强自信心。

个人发言内容,是学生前期自主探究阶段的成果展示,可以看出学生准备的过程和内容,也包含现场表达的口头输出。发表后,准备接受其他同学或教师的提问。而其他同学在这个过程中先仔细聆听,并做好笔记,记录主讲人的不恰当之处,自己不理解的地方,或者与自己想法不一样的内容,准备提问。然后进行提问,提出不同意见,进入互相讨论环节。

此时,不同学生的发言,内容完全不同。即使是文章中同一个段落、同一个句子,由于学生个人经历、阅读视角等多因素的相互交错,也会赋予文本更多的阐释空间。此时,思维的相互碰撞,相互启发,可让学习者反思与其他同学的不同之处,有利于完成新知识的再构建过程,达到不可思议的教学效果。

三、学生相互提问,进行课堂讨论

个人展示发言之后,其他同学开始向汇报人提问,或者提出自己不同的观点,进行讨论、补充,发表者进行答疑和解释。学生大胆发言,参与讨论的过程,就是独立思考的过程,可以培养学生的思考能力和问题意识。

教师应鼓励学生提问,而且引导学生提问时注意"三味":一是"趣味",问题有趣,就能更好地调动其他同学讨论的积极性。二是"异味",如果所提出的问题能够打破惯性思维,比较新颖,能察众人习焉不察之处。三是"品味",如果所提问题能够让人深入思考,就有很大的价值。

另外,提问时教师需调动气氛,让学生从紧张、防卫的状态中脱离出来,主动、积极地提出自己的观点,每个成员都能在探索新知、观点自由、平等合作的学习氛围中进行交流和讨论,这是Seminar课的精髓所在。

更理想的状况是能够在充满各种思想和视角下激烈地交锋辩论。辩论展现了学生的不同思维角度,增强思辨能力,提高反应能力,学会用批判精神进行语言碰撞,体现了语言应用能力与思维能力高度契合的活动能力。学生遇到的挑战越大,得到的锻炼越多,提高得越快。

此时,教师可以是"参与者",对必要的问题做出回答。也可以是"挑战者",打破学生的惯性思维,拓宽他们的讨论范围。形成民主、活跃的课堂气氛。当然,根据难易程度,教师应该多鼓励学生用日语发表、讨论。难度较大的词汇可以进一步作为查阅、讨论的对象。

四、进行多元化主体评价

在集体课堂讨论结束之后，根据发言者的表现和同学们的自由谈论总结情况，要求主持人对学生的发言进行点评，总结个人发言中的优缺点，包括发言者的内容准备，现场语音语调等语言表达，发表时辅助的PPT内容等。主持人点评结束后，教师进行总结，提醒需要注意的问题，学生忽视的优缺点等，并对重点内容进行阐述，形成完整的知识结构，补充必要的相关延伸知识。

除了知识点的总结外，教师应该多介绍、教授一些查阅技巧，分析思考问题的方法，解决问题的途径等，改变学生的思维定式，使学生学会发散性思考，循序渐进地培养学生独立解决问题的能力。另外，点评时要注意多用鼓励性语言。

教学评价可以先由学生互评，然后教师进行评价。教学评价应注重学习过程的评价，教师根据学生课堂的发表、讨论表现、课堂笔记以及书面作业情况进行评价，评定成绩，作为此课程学生学习评价的重要参考依据。

教师要以"观察者"的角度，来发现课堂上学生的成功和失误，对于学生的讲演表现、内容质量、努力程度、答疑能力、归纳总结能力等给予恰如其分的评价，来推动学生们的进步。而教师同时也是一个"反思者"，反思整个Seminar课实践的成功和不足，总结经验教训，在接下来的实践中不断改进。

另外，课堂笔记是考查学生是否仔细倾听、认真思考、积极参与讨论的重要依据。Seminar 课的课堂笔记应该是个性化的。可以记载发言、展示的内容，对别人的评价，对某个问题的思考，以及新问题的发现，对课堂某个环节的建议，等等。同时，要对学生准备的书面材料或电子材料进行评定。

除了评价外，还需要定期检测效果。通过测试等形式对学生专业知识的掌握情况进行摸底，由此可以制订或调整教学计划。上课说得好，但学生连基本的知识点都没有掌握，势必会影响日语知识链的构建。所以必要的教学检测不仅是教师针对课堂效果的检测，也是学生自我发现问题的过程。

五、有针对性地布置课后作业，延伸学习内容

孔子说"学而不思则罔"。可见，反思总结非常重要。通过反思，学生可以查找自己的不足之处，剖析问题形成的原因，总结经验教训，同时，学习他人的亮点，改进自己的问题，并从教师、学习伙伴处获取新知识和新经验，对过去的认知进行调整，重新构建自己的认知。所以，每完成一课，教师需要求学生根据课堂讨论、教师点评意见，结合其他同学的心得体会，形成自己的学习笔记或者主题作文。教师统一格式，评阅给予意见和建议，并妥善保存。

在课堂学习和反思总结完成之外，教师可以布置有针对性的、多样化的作业，将学习内容延伸出去。利用多媒体，或利用 QQ、微信、云班课等工具和学习软件与学生沟通交流，也可以通过各种形式的活动，比如充满个性的竞赛等，鼓励学生去参与，扩展教与学的广度，这对提

第六章 Seminar（研讨课）教学法在日语教学中的应用

升他们的素养和能力有很大的实际意义，更为他们以后走上社会搭建了平台。

第三节 Seminar 教学法应用于日语教学的反思

一、Seminar 教学法应用于日语教学的价值

Seminar 课的教学效果，从增长学生知识、掌握知识点效果、培养学生能力这三方面，师生都认为比普通课程效果要好，以用促学，学生利用课堂任务开展阅读、报告、讨论等学习活动，提高了学生学习主动性、积极性及课堂参与度。并能够体现学生的课堂主体地位，从学生的兴趣着手，满足学生的学习需求。而且能养成学生查阅资料等自主学习习惯，改善学生课堂讨论难的问题。通过不断的讨论交流，还可以增进师生之间、同学之间的情感，利用双向互动、相互启发这一特点，培养学生的组织能力、协调能力和交际能力。

Seminar 教学法的推广意义在于，可解决日语教学中存在的部分问题。

（一）Seminar 教学法有利于培养学生独立学习的习惯

Seminar 教学法非常强调学生的课前学习及准备，否则在课堂内无法参与讨论及发表，学生需要围绕主题，事先查阅大量的相关资料，这在一定程度上促使学生养成使用辞典、数字化网络资源、课外书籍的良好学习习惯，培养其独立学习的能力。这种方式与传统的学生被动学习不同，把学习主动权交给学生，有利于弥补学生主动学习性不足的缺憾。学生在研究小问题中自主学习，印象深刻。其他同学也可以受到教育，

提高集体学习效率。

现在网络发达，教师可以利用网络资源，将分散于各课的基础知识形成系统引导学生课前自学，这样可以使学生在有限的时间里学习更多的东西，满足不同层次学生的需求获得认知的满足。

（二）Seminar 教学法有利于培养学生语言学习的交际能力

Seminar 教学法使学生主动熟悉和掌握日语语言文化，并通过归类、整合、归纳、提炼出自己的观点，呈现给大家；通过自我发表、听取发表、提问、讨论、辩论等形式，培养学生全面把握问题的能力；运用日语表达，锻炼了语言的交际能力；能够从学生的兴趣着手，激发学习动机，培养学生的交际能力。并有助于同学之间彼此了解，互帮互助，共同学习，养成集体研究的好习惯，培养团队合作精神，为以后更加专业的研究打下良好基础。

（三）Seminar 教学法有利于突破日语学习中文化背景屏障

语言是文化的载体，任何语言的学习都离不开文化。语言是社会文化的产物，离开文化视点考虑语言就无法看到正在使用的语言。

在日语教学中，如果不重视日本的文化因素，而单纯地重视语言的听说读写能力，未必能真正地理解日本人特有的表达方式和内心想法。缺乏跨文化交易意识，不了解中日文化差异，就难以体会日本人的生活习惯、思维方式，在语言应用时就会出现摩擦和误会。所以日语教学过程中教师要重视日本文化和语言知识的有机结合，培养学生的文化敏锐性和鉴别能力。但是由于课内时间有限，教师不可能花大量的时间一一解释文化背景。Seminar 课，当学生课前阅读大量书籍时，教师可以有意识地推荐文化书籍，提供了解文化背景的渠道，让学生了解文化背景，突破异文化障碍。综上可见，师生非常欢迎 Seminar 这种新的教学模式，对其教学效果给予了充分的肯定。可作为教学模式之一充实日语教学方法。

（四）Seminar 教学法有利于提高学生学习日语的主动性

学生开始学习日语后，都会遇到各种困难，特别是枯燥的单词和语法学习，导致学生逐渐失去兴趣，学习越来越被动。为了营造活跃的课堂气氛，达到良好的教学效果，教师们不断采用情境教学法、游戏教学法、互动参与法等灵活的教学方法，去激发学生的学习兴趣。而 Seminar 教学法，可以让学生有选择性地针对自己感兴趣的主题，去翻阅自己喜欢的资料，提出自己的观点，成为学习的主人，从而提高了学生的学习主动性，积极主动地参与到教学中去。

（五）Seminar 教学法有利于解决课堂讨论难以深入的问题

在日语课堂中，经常会出现学生因紧张不敢发表自己的意见；或对教师有些敬畏，害怕出错，害怕课堂发言；或者因没有深入思考，使讨论浮于表面的现象。而在 Seminar 课堂中，讨论环节是最精彩的部分，其核心内容就是让全体同学开放性地参与问题的讨论，并提出自己的观点和新的问题。因学生课前查阅了大量的资料，所以可以做到真正自信且有见地的讨论。而且，与同学共同探讨学习后，对主题会有更为深刻的理解，能促进学生逻辑思维能力和表达能力的提高。

二、Seminar 教学法应用于日语教学的思考

Seminar 教学法以周密细致的课前准备为前提，以热烈而有序的发表讨论为主导，以严谨的考核评价为保障。这可在一定程度上培养学生独立学习的能力，养成使用辞典、数字化网络资源、课外书籍的习惯；使学生主动熟悉和掌握日语语言文化，并通过归类、整合、归纳等一系列行为提炼出自己的观点，展示给大家；通过自我发表、听取意见、提问、讨论、辩论等形式，将逐步提高学生思维的广度、厚度、坡度和深度，形成交互式、立体式的思维方法，培养学生全面思考的习惯和把握问题的能力；运用日语表达，锻炼了语言的交际能力，因此完全可以被应用于日语教学之中。

在具体课堂实践时，需要注意的是，Seminar 教学法比传统教学模式复杂，对教师课堂组织能力和协调能力要求较高。如果组织不当，有限的课堂教学实践就得不到充分的利用，从而影响课堂教学的效率；而且师生的位置发生了改变，教师在整个教学活动中应起到主导、帮助、气氛的掌控等作用；另外，可能出现个别学生课前没有认真查阅资料，会影响整个教学过程的顺利进行，所以教师可将学生查阅的内容作为预习作业进行检查等。为了在日语教学中有效开展 Seminar 教学方法，还需要解决以下问题：

（一）要充分发挥教师的主导作用

在 Seminar 课教学实践中，教师的"主导"作用偶尔会超越学生的"主体"地位，学生会被动地强迫自己完成教师布置的任务，一旦教师不监

督，学生的学习成绩就下降。所以要在能掌控的范围内，尽量多给学生自己选择的自由，积极地去学习。教师的主导作用还体现在以下两方面。

第一，教师需精选课题，降低理论难度。教师要对内容进行整体把握，梳理出相对独立的教学板块，再根据学生的程度萃取核心知识点，确定好课堂讨论的侧重点，然后搜索相关的教学资源，设定好难易适中的课堂主题，因材施教，根据学生程度进行分组和布置相应的任务。考虑日语水平，Seminar 课不宜在一年级开设，最好是在二年级以上，即便是高年级，也未必能全用日语表达自己的观点。所以教师选题时不易过难，可日汉语结合。另外，尽可能选择一些学生感兴趣的课题，而且要向学生提供必要的参考材料，激发学生多方位的思考，开动脑筋，进行归纳总结，提高综合能力。

第二，教师需不断提高自身业务素养，提高课堂把控能力。Seminar 教学法对任课教师的综合能力有更高的要求。首先，由于学生对知识的学习不再局限于教材，而是延伸到互联网和图书馆，教师会随时遭遇学生提出的问题，偶尔会出现措手不及的情况。而且要对发言进行总结和点评，所以要求任课教师知识面广，需要教师不断提高自身专业素养和思维能力。另外，教师在整个教学活动中应起到主导、帮助、气氛的掌控等作用，因此，教师应具备更强的课堂组织能力和协调能力。如果教师在课堂上组织不当，就会使有限的课堂教学实践得不到充分的利用，从而影响课堂教学的效率。

（二）要保证学生的学习主体地位

因为学生学习日语的独立学习能力薄弱，习惯于依赖教师。面对教师布置的任务，不知从何下手，用何方法开展自主学习，还是习惯"教师拨一拨、动一动"的状态。为了保证学生的学习主体地位，教师要控制好自己，不要让学生产生依赖思想。因为，教师的作用不是去干预学生的学习，而是提供必要的学习资源，引导学生，激发他们的兴趣，通过学习满足他们的个人需求。学生只能从个体经验中获得发展，由直接经验获得所需知识。教师应该充当"看守者"和"助手"站在学生的背后，放手让学生自己经历或体验。就算不能一步到位，也可采取循序渐进的方式，逐渐脱离出来。

首先，Seminar课尝试阶段，教师可以先选择一些简单的、学生感兴趣的主题，对学生进行自主学习方法的训练。先教会他们如何检索与主题内容相关的书籍，如何在互联网上搜索与主题内容相关的媒体资料，推荐常用的日文学习网站，并教会他们如何提取有用信息。

其次，在掌握方法后，多激发学生的学习动机。创设一些有利于学生发现、探究的学习主题，让学习成为一个积极主动的"探索"过程，充分调动学生自我探索、想象和发现的积极性。这时，需要一定的教学评价机制对学生进行督促和激励。

（三）要确保课前自主探究过程的全面开展

有些学生自觉性较差、惰性大，会出现不肯进行课前自主探究的情况。而Seminar教学法的教学效果很大程度上取决于学生的参与度，因为没有课前充分的准备，学生在课堂内无法参与讨论及发表，就失去了Seminar课的意义。为防止这种问题的出现，可以抓住以下几点：

第一，提供充足的学习资源。教师可利用图书馆日语藏书及网络信息的支持，向学生提示课题自主探究的方向，便于学生在前期准备过程中，能通过参考书、字典查阅资料，或者通过电脑、手机等查阅下载文件、视频、微课课件等互联网教学资料。

第二，制定检查制度，随时督促及把握学生的准备进度。可以设计表格，让学生自行记录课前所阅读的书籍、网络学习资料，并将感兴趣的内容简要摘录下来，也可以记录与教师、同学之间课前讨论的问题。教师做好定期抽查工作，并将学生课前准备的情况记录到最后的评价表中。

第三，可组织结对学习。教师可以根据每个学生的性格、兴趣、日语成绩、学习能力、守纪情况等，将学生分成各层次学习成绩相结合的小组，以促进共同学习、相互监督，顺利完成课前学习。

总之，如何调动学生的积极性，让学生按照教师的要求，积极主动高质量地学习相关教学材料，寻找问题，思考解决途径或提出有价值的问题，是教师面临的重要问题。所以教师要积极示范，创造学习氛围，针对学生不同的背景、兴趣和需求，激发他们的学习欲望，使他们克服惰性，肯花时间、肯吃苦，加强团队合作，完成课前准备。

（四）要激发学生讨论热情，并控制讨论主线

根据学生个体差异，有可能出现个别学生课前材料准备得比较仓促，讲解内容有误；口头表达能力不佳，手足无措；对教师有些敬畏，害怕课堂发言；没有认真查阅资料，很难参与讨论；担心自己出现低级错误，在同学面前出丑；或因性格原因，不习惯表达等状况，这些都会影响整个教学过程的顺利进行。

为了激发学生讨论热情，首先要在教室环境的创建以及优化上多下功夫。改变传统的教室座椅排列格局，将座位排列成环形或者四方小组形，使参与者可以清楚地看到对方，方便交流讨论。其次，教师需要随时把握学生学习状态，提前定下考核评价规则，监督完成课前作业，准备充分了，学生就会有信心开口。然后，在课堂中，多鼓励学生开口讨论，制定激励制度，循序渐进。

另外，当学生思维被打开之后，讨论很容易跑题，教师一定要控制好讨论主线，引导学生回归主要议题。若小组讨论某一问题时，出现梳理不清的情况而影响进度时，教师可提醒学生课后商量，鼓励学生分头为自己的观点寻找更为有力的论据。

（五）要完善评价机制

在日语教学中开展 Seminar 课，尚在探索阶段，如何评价学生的机制还需要不断地探索。教师客观、准确的评价，可以促进学生积极地参与活动。目前，推荐鼓励性评价。教师可以通过学生是否理解课前的主题内容，是否进行充分调查，归纳总结的内容是否详尽；课堂展示者个人发表的声音是否洪亮，日语语音语调是否准确，发表内容是否能体现充分准备的过程；课堂讨论参与者的积极程度，新观点的提出和讨论；课后有无总结成果等进行评价。

除了教学学习过程性评价外，也可以对学生的学习效果进行评价。评价主要分专业知识的掌握情况和能力的锻炼情况两个方面。专业知识的掌握，主要看是否能理解、传达、记住、掌握本课知识点，并进行灵活应用。评价通过本次 Seminar 课学生读写、交际、信息收集、社会实践的能力是否得到进一步的提升。评价的形式，可以是教师评价，也可结合学生个人评价及相互评价，给予学生鼓励，也可引入竞争机制，激发学生积极性。

第七章　日语教学创新

第一节　高校日语专业教学创新

培养高素质、高能力、复合应用型日语人才满足多元化发展的社会需求是高等教育的重要任务和必然目标。本节分析了高校日语专业教学现状，并从提高日语生综合应用能力，特别是重视听说能力的提高视角探讨了高校日语教学创新的思路。

在信息日新月异的当今社会，随着中日两国政治、经济、文化等领域的交流不断扩大，两国的经济一体化进程不断加快，经贸上的相互依存度不断提高。在此经济背景下，具有扎实日语功底、熟练掌握语言技能和交际能力并通晓经贸、商贸等知识规范的日语人才受到大力追捧，这就对高校日语专业教学提出了更高的要求。创新教学模式，全面提高上日语生综合应用能力已成为高等教育的重要任务与目标。

一、日语专业教学现状

高校日语专业教学目标离不开培养学生的日语听、说、读、写的综合能力，可是在实际课堂教学中始终只注重语法教学，而对学生的听说能力、实际工作能力、学生专业素质方面的培养重视不够，导致很多毕业生走进社会后发现自己除了语言其他方面几乎毫无所知，离社会需求相差甚远，没有达到教学目的。日语专业教学的现状是：

（一）传统教学模式为主的课堂教学

当前，各高校的日语专业教学仍然摆脱不了传统的教学模式，基本上仍然以书面教材为中心，缺乏行业培训指导。课堂教学以教师讲解为主导，学生的主体地位没有得以体现，阻碍了学生学习的主动性，难以激起学生学习日语的兴趣，并影响创新能力的发展。

（二）重考试轻应用

为保证教育部举办的专业日语过级考试的通过率以及日语国际能力等级考试的通过率，很多高校的日语专业在教学过程中过分强调语音、词汇、语法教学。教师注重读写教学，将大量精力放在此处，为考而教，学生为考而学，在教学活动中忽视了学生应用能力的提高。提高学生的日语实际应用能力是日语教学的基本内容，即日语学习是一种技能培养，不能只学习和掌握日语的语法知识和语言体系。跨文化交际能力的薄弱导致持有一、二级日语国际能力证书的学生在职场上欠缺与客户的沟通与交流能力，最终难以胜任本职工作而离岗。

（三）教学方法、手段不够丰富

高校日语招生规模不断扩大，且日语专业的学生进入大学后要从日语字母开始学起，最终达到熟练运用的程度，这对教师来说是一项艰巨而繁重的教学任务，对学生来说是艰巨的语言学习与应用实践。此外，日语教学还普遍存在课时少、内容繁多的问题。由于教师受教学手段、方法的客观限制，导致满堂灌的"填鸭式"教学占主体地位，实践中，以教师为中心的倾向越来越明显，学生则处于被动的学习状态。再加上不重视学生在实际情境下的语言训练和实践，导致学生课堂参与积极性不高，使得日语教学和学习过程变得单调乏味，语言交际能力大受影响。

（四）学生自主学习能力差

自主学习在学生学习过程中非常重要。大部分学生在高中阶段受灌输式教育的影响，进入大学后自主学习能力比较差。尤其小语种的日语，学生接触得更少，再加上学习方法欠缺、重要性认识不足、学习任务繁重、学习目标还不够明确等因素影响，导致学习日语的兴趣和积极性逐渐减弱，削弱了自主学习能力。因此，帮助学生培养自主学习能力应成为教学过程中的重要目标之一。

（五）师资力量匮乏

目前，日语专业的教师大多来自国内各大院校的应届毕业生，这些毕业生虽然基础知识扎实，有潜在能力，但缺乏实践经验。各高校严重匮乏既会日语又具备其他专业技能的教师。比如商贸方向日语教学中，日语教师缺乏商贸方面的知识，因此只能将商贸课程与日语课程分开授课，也就是说商贸方向的课程只能用汉语授课，这就造成了学生普遍缺乏以日语为载体获取商贸信息的能力。此外，高校日语教师的总量总是处于紧张、不稳的状态，一部分日语教师的课时量总是超出正常的授课限度，使这些教师很难充分利用时间进行科研与教学研究。与此同时，缺乏能够与国内外高校进行学术交流与合作的平台，因此参加学术交流与合作的教师所占比例很小。

以上问题严重影响日语专业教学的质量，因此进一步探讨日语专业教学的新模式，提高学生的综合应用能力仍是日语教师的重要任务。

二、日语教学的创新途径

（一）树立新的教学理念和教学观念

高校日语专业教师教学理念的变化对于教材编写、教学设计、学习目标、评价测试均具有可操作的指导意义。把跨文化理解和跨文化交际要落到具体的文本解读、人与人之间具体交往的过程中。尤其课堂教学要注重由传统的重语音知识向重语言交际运用转变，由单纯的"教师为中心"向"学生为中心"转变。要妥善处理好传授知识、培养能力和提高素质的关系，处理好日语听说读写译的相互关系，把提高学生的日语综合应用能力放在重要位子，注重综合能力的整体提高和协调发展。要树立学生是教学活动的主体的思想，处理好教与学的关系，并重视学生独立学习能力的培养。此外，入学伊始高校就要给学生树立一个正确的就业理念；给予学生更大的空间、关怀与指导，这也是综合应用能力培养的根本。

（二）重视教材的选用

要重视教材在教学中的地位。教材是传授知识、训练技能和发展智力的重要知识载体，是学生的基本读物。教材可为语言学习者提供一条学习的捷径，选择一部好的教材是培养人才的重要保证。可以说，教材内容直接影响教学质量和教学任务的完成。目前，各高校在使用日语教材方面存在着内容陈旧、实用性差、缺少新信息摄入、不能满足学生对新知识的需求等问题。因此，我们要充分利用各种现代化教学手段与资源，不断扩充新的教学知识内容，编写符合专业需求、符合社会发展要求的新教材。教师在教学过程中，更要广泛收集与教学内容相关的材料，灵活合理地运用，不能照本宣科，这样课堂教学才具有趣味性、实用性、针对性，学生的学习积极性才得以提高，保证教学质量，创新教学内容。

（三）采用多样化教学方法，充分利用网络资源

为了提高日语生综合应用能力，我们应该不断完善教学设备，充分运用信息时代的各种教学手段。现代网络技术为日语教学拓展了空间，因此，通过日语教学过程积极开发制作多媒体课件，将更多的网络资源引入课堂实际教学中，这对培养学生的认识、分析能力起到积极作用，这样不但节省教学资源，还能提高学生的自主创新能力，课堂教学也变得充满活力。通过直观、生动的多媒体等教学方式为学生营造一种真实的语言环境，营造出既轻松又愉快的学习氛围，让学生在愉快的气氛中掌握知识，提高语言运用能力，并形成师生之间的良性互动，并以启发式、讨论式、探究式等教学方法，激发学生的学习积极性，进而充分发挥学生的主体作用，让学生最大限度地参与教学的全过程，从而提高教学效果。

（四）构建学生的"自主学习"模式

建构主义认为，知识不是通过教师传授获得的，而是学生在一定的情境中，借助各种学习资源，通过意义建构方式来获得。在日语专业教学中，以建构主义学习理论为指导，遵循日语学科的特点和学生的认知规律，利用各种有利条件，激发学生的兴趣，调动学生的积极性，使学

生主动参与，主动探索，主动发现，构建"自主学习"教学模式。通过意义建构，有利于学生掌握日语基础知识和基本技能，培养学生的"自主"精神和对所学知识"意义"主动建构的态度和能力，培养学生的主体意识、探索精神和自主学习习惯，培养学生的独立思考能力、分析能力、批评能力和解决问题的综合性能力。其教学基本程序为：优化和激活学生原有认知结构——创设"自主学习"情境——学生"自主学习"——知识迁移运用——自我评价与反馈。

（五）加强日语听说训练

积极将"语感训练"模式运用到基础阶段的教学中，强调学生语言学习的立体输入与输出，强调语言学习的效率。汤富华认为，"第二语言语感的本质就是学习者通过量化的学习产生规律性的认知能力，初步形成第二语言的概念、人际交往与语篇组织能力；它的特征必须通过多方位的文化立体输入与输出，才能完成语言交际的多次回路，并形成规律；语法学习永远不能形成这种语能。"基于这种认识，可以强化听与说的训练模式，通过大量的模仿录音、会话训练、辩论展示、试听等形式来强化。

日语教学的最终目的是培养学生用日语进行交际的能力。在日语教学中较薄弱的环节之一是听说能力的培养，听与说是学生在学习日语过程中最难把握的一项技能。因此，听说领先教学应成为日语专业教学的重中之重，尤其在初级阶段对听说要大力投入，在课堂教学中教师应把听说训练贯穿于整个教学环节中。要求在教学大纲、教材、教学内容、教学方法上必须有新特色。树立听说领先策略，是提高日语生综合应用能力的必然途径,提高听说能力是全面提高学生日语综合能力的突破口。目前在某种程度上,薄弱的日语听说能力制约着学生的学习积极性和主动性,因此在课堂教学中多采取组织学生进行讨论、情景会话、回答问题等方式,这有助于消化课堂所学知识,提高口语表达能力,培养学生胆识,又能增强学生学日语的自信心,体会学日语的愉悦感,逐渐提高日语听、说、读、写、译综合实用能力。

(六)创设语言环境

培养学生驾驭语言的能力离不开良好的语言环境。语境对于学习外语非常重要,在国内为了尽量保证良好的语言环境,建议日语教学采用小班授课,人数控制在20人之内,课堂上教师努力创建全日语教学环境,尽量用日语授课。课堂是教师和学生交流的场所,授课过程中教师要不时地从讲台上走下来,到学生中去和学生互动、打成一片,那么师生之间的交流会变得更加自如,学生就会变得主动,积极参与课堂活动。除了课堂教学外,还应注重课外活动的开展。学校要定期举行日语知识竞赛、日语演讲比赛、日语剧比赛、日语歌曲大赛、日语角等活动,活动过程中教师应多鼓励学生积极参与,给予正确的指导与帮助。开展多种活动,扩大学生的听说训练范围,创造一个良好的语言环境,让学生把课堂上学到的知识应用到实际中去,这不仅能够锻炼学生的专业技能、内心素质,从而提高日语听、说、读、写、译各项综合能力,还能促进学生整体素质的提高,为培养高素质的人才打下坚实的基础。

(七)完善实践教学

日语专业教育的首要任务是通过掌握日语基础知识和实践能力,使学生具备很好地运用日语的跨文化交际能力。为培养学生综合能力，教学要紧密接近社会，接近实际。实践教学以课内与课外的教、学、练为一体，能够有效提高学生的专业技能和综合素质，实现理论与实践的统一。

日语毕业生普遍就职于日资企业或从事与日本事务相关的外贸方面的工作，这对学生的日语语言知识、语言技能、对日企文化的了解有相当高的要求。因此，教师在教学过程中应重视向学生传授基本礼仪、企业文化等有关日资企业方面的知识，并进一步提高学生的综合能力。为了增强对企业环境和工作内容的认识，获取职业岗位的初步亲身体验，还可以组织学生参观一些有规模的日资企业，建立稳定的实践、实习基地。高校可以组织学生利用假期时间走进日企实习，通过现场实践来提高语言的运用能力，并切身感悟基础语言知识和技能的灵活运用；也可把企业人员请到学校与学生面对面进行交流来了解日企的文化和信息，从而提高学生的交际能力。学生通过了解社会对日语人才的具体需求，增加自己的社会阅历、锻炼社交能力和处事能力，将为今后步入职场生活奠定良好的基础。

撰写毕业论文也是实践教学的重要环节。为提高毕业生论文的质量与水平，鼓励学生走进社会，走进企业，通过调查研究后选定论文题目，将选题与现实中的实际问题相结合进行探究，这对培养学生的科研能力、创新意识、综合应用能力方面起到积极促进作用。

总之，我们不能被传统的日语教育教学观念所左右，要适应时代的发展，不断探索与创新教学模式，并全面提高日语生综合应用能力，这是日语专业教学的一项重要工作。日语教师在教学中，应该改变单纯教授语言知识的教学模式,通过启发学生,陶冶情操,培养学生的思考能力、创造能力,丰富内心世界,这样才能确保日语人才培养水平的不断提高,培养出更多的适应现代社会需求的高素质、高水平、高能力的应用型人才。

第二节　高校日语听力课教学创新

学习外语，具备"听、说、读、写"四项技能至关重要。其中，"听"作为外语学习的一个重要部分，也被认为是很难掌握的一项技能。该篇文章主要以现在实行的日语听力课教学模式存在的问题为导向，重点阐述开展日语听力课的重要性，并从听力的教学方式、理念和内容等三个方面，对如何提高日语听力课的听课效率提出了相关的建议。

近年来，随着日语听力课考核方式的不断改革，越来越多的高校甚至是学生都深刻地认识到了提高日语听力的重要性。从笔者的角度来看，作为学生接受知识的第一步，课堂在提高学生日语听力方面的作用还是至关重要的。虽然目前很多学者对日语听力的改革方案进行了一定的探究，但是在实际过程中其仍然存在着很多问题。解决这些问题迫在眉睫。这节将以高校日语课存在的问题作为切入点，对症下药，提出对高校日语听力课切实的解决方案。

一、高校日语听力课存在的问题

（一）教学方式落后

在传统的教学方式中，日语听力课教师一般都是通过上课给学生放听力，核对答案，解读听力原文，纠正错误等方式进行日语听力教学。这样只是把教学的重点放在了学生对"听"的练习上，恰恰忽略了一个重要的问题，就是"听与说的结合"，而且这个教学过程枯燥无味，学生也难免会有厌烦情绪。广大日语教学老师并没有意识到"说"作为"听"的实际运用，在日语听力教学中的至关重要性。因此，新颖的教学方式显得至关重要。

（二）教学理念落后

在实际的日语教学中，大多数的日语教师都是把教学的重点放在培养学生"写"的能力上，注重在精读课上对课文以及书本式的语法知识点的讲解，而往往把听力置之不顾。通过观察也不难发现，在各大高校对日语课的安排中，精读课与听力课的上课时间比重形成鲜明的对比。大多数日语教师只是把听力课作为精读课的附属部分，在上课的过程中，有时间就练习一下，没时间的话听力就一带而过。而且，目前很多高校在外语考试制度中都没有安排专门的听力考试，而只是平时的小测试而已。这也导致了大部分学生对听力课的漠视，导致听力课效率低下。

（三）教学内容杂乱无章

在实际的日语教学中，日语听力教师大多是通过给学生播放日剧、日本动漫等形式进行教学，日剧内容多样，日本动漫情节诱人，难免会对学生的思维形成不一样的影响。此外，在观看日剧、动漫的过程中，大部分学生的重点都在日剧的剧情上，可能都早已忘记了学习观看这些视频的初衷，没有一个完善的日语内容教学制度，不仅会大大降低学习效率，而且也会在很大程度上降低教学质量，偏离教学方向。

（四）教学形式陈旧

在大多数的日语听力教学中，很多情况下都是日语教师单打独斗，学生毫无反应，课堂上基本与教师没有互动，导致课堂毫无活力，学生一片死气沉沉，甚至有的出现了严重的抵触情绪，厌倦学习日语听力，大大降低了课堂效率。此外，听力课上并没有学生说的内容，理论的听没有很好地运用到实际的生活实践中，俗话说得好，实践是检验真理的唯一标准，没有实践的配合，很难检查出学生的学习成果，学生没有考核的压力，自然对学习也不会很上心。

二、开展好高校日语听力课的重要性

（一）听力课是提高日语学生专业能力的一个重要环节

在现如今注重教育的时代，各大教育部门都在极力倡导学校注重学生的全面发展，特别是要注重大学生专业能力的培养。国家大力发展教育的一个重点就是培养人们适应社会的能力、生存的能力、外交的能力。而对日语专业的学生来说，日语就是他们的生存之本，而日语听力又是日语专业的学生进行对外交流的重中之重。可见，听力能力的提高在学生听力课中极为重要，是学生提高专业能力的重要环节。

（二）是促进国家对日外贸发展的重要环节

国家为什么要开设日语课程，说明白一点，极其重要的一点就是为国家对日发展外贸培养交流人才。日本，作为一个发达国家，中国作为一个处于快速发展的国家，两国之间难免会有贸易交流。而交流作为一种现实业务开展途径，它绝不能仅仅表现在课本上，而应该更多地体现在言语表达中。注重高校外语听力课，培养学生的听说能力，是为国家外贸发展提供后备军，是促进国家外贸的重要环节。

（三）有利于提高日语系学生的人际交往能力

反问一句，大学学日语是为了什么呢？其实，大多数人上大学都是为自己以后的社会工作找到明确的目标，当然日语系的学生也一样。学习一门外语最重要的就是能在与人交流的时候，把它准确地说出来，而不仅仅是停留在书本上。因此，学好听力课很重要，说出来、表达出来更重要。而开设完备的日语听力课程也正是为了这个目标而努力，为更好地提高日语系学生的人际交往能力而努力。

三、高校日语听力课改进策略

（一）注重听与说的结合

日语的教学要突破传统的只听不说的思想，日语教师授课要注重听与说的结合。听力课不能仅仅停留在学生听磁带，教师对答案以及纠正错误这个层面，而要多元化，课堂上增加师生互动，可以通过进行日语话剧比赛、演讲比赛、辩论赛等形式，让学生把课堂上听的内容更好地运用到实际的"说"中，这样不仅可以增加课堂的趣味性，更重要的是提高了学生的学习日语听力的积极性，同时也提高了课堂效率，一举两得。

（二）做好教学规划，形成自己的一套日语听力教学体系

众所周知，计划是一切事情成功的关键，好的规划可以让一个人少走很多弯路，当然，学好一门外语也一样，教好一门外语也是这个道理。因此，各大高校日语系应鼓励日语教师每学年提交一份自己本学年的日

语听力教学计划以及教学目标。教师们根据自己的教学计划进行授课，以完成自己已经制定的合理的教学目标为己任，这样思路更加清晰，目标也更加明确，可以很大程度上提高日语听力的授课效率，同时，学生们也相应地会有更加明确的学习目标，也一定会获得更加可观的成绩。

（三）端正对日语听力课的态度

态度决定一切，没有一个好的态度，再厉害的教师教得再好也是无济于事的。因此，日语教师应该首先给学生树立正确的学习理念，端正学生的学习态度。首先，在日常的教学活动中，日语教师应该先让学生意识到学好日语听力的重要性，在学生的内心深处做好铺垫，使其对学好日语有一种坚定的信念。同时，培养学生们迎难而上的精神，面对学习日语过程中的苦难，不轻言放弃，而是迎刃而解，越努力越坚强，学生学习日语的想法也会更加坚定。

（四）研究现有教材，进行改进，取长补短

教材是开展好一切课程的基础，因此，教材的质量至关重要。当然，高校日语听力课开展效果不佳，很大程度上也有教材的问题。所以也需要在教材上下功夫，教材的编写建议更好地结合日本的政治、经济、文化等方面，向学生全面展现日本的语言文化，学生只有更好地了解了日本的历史，才会在学习日语的过程中有更多的灵感，才会更好地学以致用。同时，好的教材也是激发学生兴趣的重中之重。

（五）及时了解学生心理，掌握学生学习情况

在学习日语的过程中，学生学不好，一方面是其学习能力不够，另一方面，也可能是其学习情绪不佳。有一部分学生在学习的过程中可能

会因为一些问题而迷茫，焦躁不安，甚至有放弃学习的心理。这个时候，教师就需要把重点放在学生的心理上，及时注意学生的心理状况，开导学生，使其对日语学习保持积极向上的态度，只有这样，学生才会注意力更加集中，学得更好。

（六）教师教学要有效运用多媒体设备

目前，国家大力发展教育，中国的每一所高校基本上都配备的有完善的多媒体设备来辅助教师教学，目的是使课堂教学更加多元化，激发学生学习兴趣，提高学习效率。但是，由于在实际的教学活动中，大部分教师并没有很好地跟随国家步伐，利用多媒体设备或者高效地利用多媒体设备，违背了国家为高校配备多媒体设备的初衷。因此，广大教师在运用多媒体设备的过程中应严格遵循"高效利用"的原则，使学生的课堂更加多元化，在日语听力课上更好地给学生们带来乐趣，提高学生们的课堂积极性。

学习不是一蹴而就的事情，学好日语听力，提高日语听力能力也一样。每一个学习都是一个循序渐进的过程，都是一步一个脚印，踏踏实实走出来的。在这个过程中，不仅需要教师做好教学计划，发挥好强有力的引导作用。同时，最重要的是学生也要端正好自己的学习态度，配合好教师的教学计划。师生合作，才能实现双赢。

第三节　独立学院日语精读课教学创新

本节依据独立学院的特点从培养应用技术型人才出发，针对独立学院日语精读课堂教学现状，提出课堂教学模式创新的构想，从而提高学生对日语的兴趣和学习的积极性、主动性。

独立学院历史短，经验不足，尚未构建一个具有自己特色的教学模式，教学上多依附于母体高校，共享其部分教学资源，如师资、课程设置、教学模式等，制约了自身优势的发挥。日语精读课是日语专业的基础必修课，传统的课堂教学把它分为生词、语法、课文、习题四个部分讲授。鉴于独立学院自身及学生、学科的特点，笔者认为须对教学模式予以创新，以提高学生的学习兴趣，调动学习的积极性。以下是笔者在日语精读课课堂教学模式创新上的初步尝试。

一、灵活多样的课堂导入

良好的导入是成功的一半，在日语精读课堂教学中大多采用复习导入或作业导入的形式，千篇一律，不能激发学生的学习欲望，需创新。下面是笔者经常运用的导入技巧。

首先，利用周围环境，触景生情地创造语境，利用有意注意的方法激发学生的好奇心。

其次，利用学生熟知的事物来提高学生学习日语的兴趣，实现对课堂内容的导入。

第三，利用学唱日文歌曲营造愉快的气氛，引入新课。日文歌曲能活跃课堂气氛，寓教于乐，使学生情绪高涨，为进入新课做好精神准备，有助于把课文内容化难为易。

第四，以故事、成语、谚语等形式导入，由浅入深，起到事半功倍的作用。

总之，在日语精读课堂教学中，课堂导入的方法应灵活多样，教师可根据实际情况，选择适当的方法，自然过渡到新内容，这是上好一堂日语精读课的首要一环。诚然，一堂课要有精彩的导入，更要有丰富的内容、轻松愉快的课堂气氛、和谐的师生关系、创新的课堂教学模式，这样才能充分发挥他们学习的主动性和创造性，挖掘他们的语言潜能。

二、单词的教法

首先，了解词性，锻炼学生用日语解词的能力。若是外来语可还原成英语或其他语言。

其次，培养学生使用生词尤其是用言和副词、接续词等造句的能力，做到随学随用。

最后，丰富学生的词汇量，通过联想拓展出该词语的同义词、近义词、对义词、反义词。

三、语法的教法

精读课上的语法讲解多侧重于讲该语法点翻译成汉语是什么意思或相当于汉语的什么意思。笔者认为应该先将语法进行归类，分清该词语是十二品词中的哪一类。要讲清属于哪种活用，有几种活用形式，怎么接续，起什么作用。对同义词要对其用法和语义进行辨析。

再比如讲解句型时，应该将句型分解来讲，句型的构成、前后接续、语法意义、汉语意思，而且应该明确指出该句型属于能力考的几级句型，与它相近的句型还有哪些，用法上有何区别，然后通过例句使学生理解、掌握并能够灵活运用。首先，告诉学生这个句型属于能力考的"二级"句型。

四、课文的解读

传统方法是由学生读、翻译，教师进行归纳。这不利于学生读解能力的提高，也不能从整体上把握全文。笔者从教学实践中体会到"精读"课的关键就在于一个"精"字上，要精讲，但不宜有固定的模式，一定要灵活多样、生动有趣，要考量学生接受的程度，既要因材施教、个别指导又要一视同仁，我在教学中摸索出一套较为可行的教法。

（一）主题讲解

对主题的理解是把握全文的关键，但要把主题与文章的时代背景和文化背景贯穿起来去解读，不能孤立地就事论事，否则就不能透彻地理解全文。

（二）课文讲解

课文讲解时不能单纯由教师朗读、翻译，应以学生为主导进行，一定要分段、分层去解读。在学生朗读时指出不准确的发音，请其他同学为之纠正，指出翻译过程中误译、漏译、错译之处，同样请其他同学为之纠正，教师要进行启发式的提问，请学生回答、归纳并得出译文，然后教师给出标准译文，这会加深学生对于课文内容的记忆，从宏观上把握全文。

五、布置和检查作业

独立学院学生缺乏学习的主动性和自觉性，教师要调动他们学习的积极性和主动性。笔者通常布置如下作业：打印课文并附上译文；写读后感；背诵课文；教师在课后习题的基础上还要编制综合习题。

以上是笔者在日语精读课课堂教学模式创新研究上的拙见，实践证明这种模式对于独立学院是行之有效的，对同类院校也有参考价值，笔者今后将继续进行该课题的研究。

第四节　创新人才培养与大学日语教学

随着我国经济、科学技术的快速发展，培养适合国际化市场发展需要的复合、创新型人才成为现代教育的主流，努力培养大批具有"自主学习能力，掌握批判性思维方法，养成创造性工作习惯的高素质创新人才"成为我国高校所面临的首要任务，传统教学方式面临着新的挑战。因此，紧跟时代潮流，优化教学方式，重新调整外语教学的重心，探索出如何提高非日语专业学生语言能力的教学模式，成了公共日语教育工作者研究的重要课题。

一、大学日语教学中创新型人才培养的重要性

近年来，既能说好汉语普通话、方言、日语、英语等多种语言，又懂得专业知识和计算机操作技术的毕业生非常受欢迎。更多的日资企业或从事对日经贸活动的外向型中资企业认为，不懂专业知识，只会语言，很难做好该领域的工作。所以，具有良好语言素养、解决应用性问题能力的复合性应用人才，特别是具有思维、创新能力，有综合分析、提出独立见解能力的创新型人才越来越受企业欢迎。因此，是社会需求迫使改变大学日语人才培养模式。

二、新形势下的大学日语教学

语言是人类交流的工具。人类通过语言来思考，通过语言中介和对

方交流、沟通感情。语言是一种重要的技能，又是文化的载体。传统的外语人才培养模式注重理论课程，培养出来的学生应用能力弱，适应性差。新形势下日语教学应具有实用性、多元文化性、可操练性；让学生具备扎实的外语语言基础和广博的文化知识；通过研究性学习过程，锻炼学生思维能力和与人合作的能力，获取新的知识。

（一）精讲词汇，培养学生听、说能力

新形势下的外语人才须具备"听、说、读、写、译"基本功，但在整个教学过程中侧重点是有所不同的。步入大学前，学生通常已在初、高中学过6年日语，掌握了大约2500个基本词汇、一定数量的惯用语，以及日语的基础语法知识和句型结构，具备了基本阅读和书面表达能力。但他们听和说的能力还尚缺乏，在正确使用所掌握单词上也有欠缺。学生所掌握的日语，可以说是"聋子式、哑巴式、中国式日语"。因此，在教学中，既注重语言知识的传授，提高学生的读写译能力，又要注重言语技能的训练，提高学生在听、说、应用等方面综合能力的培养，认真实践"注重词汇的掌握，听说领先，读写译跟上"教学思路，使学生在语言实践过程中做到熟练自如地使用语言这一工具，以达到交流和沟通的目的。在教学过程中，老师将课堂口语实践、有效的听力训练和词汇精讲有机地结合起来，在口语、听力训练的同时，掌握单词的正确用法，明确词义。三者融会贯通，融入教学，帮助学生掌握"听得懂、能表达、略地道"的日语。

（二）语言学习和文化理解的密切结合

在外语教学中，"长期以来，我国的外语教学从理论到实践都注重

对学生进行语言形式（语音、语法、词汇）的讲解传授及各项语言技能的训练，而基本上忽视了外语教学中的文化因素"。语言学习和文化是不可分割的，日语学习离不开日本社会文化。在具体语言情境下学习，一方面可以帮助学生记忆；另一方面还有助于学生理解日本人的思维方式和行为。

虽然日本人受到中国文化的影响，长期在相对单纯的环境和固定居所的生活中所形成的文化习俗与中国不尽相同。除传统节日、婚丧嫁娶的习俗不同外，礼节、左右习俗、数字习俗也不同。中国人在古代见到尊长要下跪磕头，后来演变成作揖打躬，现在演变为点头握手。而日本人习惯以鞠躬致意。从略微点头、动动肩简单致意到行 90 度大礼，直至跪在地上，双手伏地，额触手背的最高拜礼，都有细致的规定和惯例。进入寺庙、圣地时的礼节也各不相同。在古代，日本受中国唐代尚左文化影响，官职上"以左为大"。然而，随着时代的变迁，左右的优劣势头也在变化，日本和中国是相同的。两国人的坐姿、目光视线、体态语以及中日两国的赠答文化也各不相同。教学过程中将这些异同逐一对比研究，在授课时将汉日民族文化习俗异同融入词汇、常用词组和短语的学习中，生动地加入语境，更易于学生记忆、熟练掌握。

（三）教师地位的演变，授课方式多样化

传统的课堂教学注重知识的传授，强调教师的讲授。所以教师授课方式，多是"教师牵着走""填鸭式"，使学生感到单调乏味，缺乏学习兴趣。新形势下，教师应从单向地传授知识转向成为学生学习的促进者。在日语教学中设计大学日语教材的情景语言点，结合文化背景，让学生编写故事，极大地激发学生自主学习的热情。故事的编写或改写和练习排练等活动都是利用课余时间完成的，课上只用十几分钟的时间表演；利用电影、音乐、使用多媒体、利用计算机软件等充盈教学内容，传授日本的风土人情、让学生熟悉日本人思维、生活习惯。教学实践中，问答法、讨论法、故事场景法等教学方法的使用，不仅能调动学生学习的积极性，也能培养学生自己提出问题、分析问题、解决问题的能力，促进学生学习。教师地位的转变，既有利于授课方式多样化，也有利于开发学生智力、创造力，有效地培养学生的自学能力以及理解力，为其成为创新型人才打下坚实基础。

（四）传授日本企业文化、工作态度，模仿定单式培养模式

日本企业文化很独特，具有"终身雇用""年功序列""团队精神""拘泥小节"等特点。在"拘泥小节"这一点中，又细分："不添麻烦、整洁有序、恭敬谦和、注重细节"等特点。企业的管理精髓，企业培养员工单纯化的思想、不论奖惩都公开进行、合理编制精干的工作小组、提倡模仿、正确引导员工发泄情绪等都值得教师教学过程中传授给学生。日本企业员工认真踏实的工作态度、顽强的斗志、赶超精神、高标准严要求自己以及加强身体锻炼等都值得学生学习。在学校除按教学大纲的要求进行正常学习外，设置企业文化训练等选修科目，模仿定单式培养模式，学生在进入企业后，能在最短的时间内进入工作状态。有目的地培养学生，就会取得较好的效果。这就要求教师在教学过程中，研究日本企业的精神和管理精髓并传授给学生，为学生顺利步入社会打下基础。

分析人才需求确定教学方向，培养知识面宽广，具有一定的相关专

业知识、能力和素质兼备的学生是社会对学校的要求。拓宽学生的知识面，是市场对我们教师的要求。事实上，现在各所大学都在扩招，高等教育正在从"精英教育"向"大众教育"过渡。日语教学发展趋势，也越来越注重实用性。为了适应这种需要，培养具有扎实的日语基础和广泛的科学文化知识的复合型、创新型人才，为社会主义建设做出应有的贡献。

参考文献

[1] 鲁畅. 日语专业语言能力标准研究 [M]. 沈阳：辽宁人民出版社，2022.

[2] 孙雄燕. 新时代"课程思政"教育与日语教学研究 [M]. 北京：中国农业出版社, 2021.

[3] 李晓丹. 大数据视域下网络平台介入日语教学的研究 [M]. 长春：吉林大学出版社, 2021.

[4] 孟红淼. 跨文化交际视角下的高校日语教学策略探究 [M]. 长春：吉林出版集团股份有限公司, 2021.

[5] 王珏. 创新视角下的日语教学内容与方法研究 [M]. 长春：吉林出版集团股份有限公司, 2021.

[6] 王珏，胡雅楠，张研. 现代高校日语教学与跨文化交际融合研究 [M]. 长春：吉林出版集团有限责任公司, 2021.

[7] 裴玺，夏建雪，宋丽丽. 日语语言文化教学研究 [M]. 北京：中国农业出版社, 2021.

[8] 晋学军. 日语教学与文化 [M]. 长春：吉林出版集团股份有限公司, 2020.

[9] 龙潇. 中日文化背景下日语应用教育研究 [M]. 长春：吉林出版集团股份有限公司, 2020.

[10] 李晓丹.跨文化语境下日语教学研究[M].成都：成都时代出版社,2020.

[11] 实用日语教学法教程[M].长春：吉林大学出版社,2020.

[12] 赵静,阿宁,李星.日语教学策略新编[M].长春：吉林大学出版社,2020.

[13] 施万里.日语教学方法的创新研究[M].吉林出版集团股份有限公司,2020.

[14] 姜述锋.文化视角的日语教学研究[M].长春：吉林出版集团股份有限公司,2020.

[15] 白红梅.日语教学方法的创新研究[M].北京：中国书籍出版社,2020.

[16] 兰智妮.日语教学理论透视及其实践模式[M].长春：吉林文史出版社,2020.

[17] 邓娟娟.日语教学与应用思维创新探索[M].哈尔滨：哈尔滨出版社,2020.

[18] 郑毅乐,冶文玲,黄金春.日语教学理论与创新思维模式融合发展探索[M].北京：中国书籍出版社,2020.

[19] 董杰.日语语境与互动教学[M].北京：现代出版社,2020.

[20] 林琳.日语会话课程教学模式的改革与实践研究[J].秦智,2022,(7)：79-81.

[21] 柏莹.基于双闭环驱动的大学日语混合式教学模式研究与实践[J].中国多媒体与网络教学学报（上旬刊）,2022,(12)：23-26.

[22] 郑曦.日语课外口语实践教学模式研究[J].教育现代

化,2016,(35)：183-184.

[23] 黄建娜. 基于 THEOL 的大学日语课程 混合式教学实践研究 [J]. 湖南科技学院学报,2020,(2)：129-131.

[24] 温穗君. 融合正面价值观培育的大学日语课程教学实践研究 [J]. 开封文化艺术职业学院学报,2022,(5)：105-107.

[25] 李春瑶. 基于"吉尔口译模式"下的大学商务日语口译教学设计研究 [J]. 国际公关,2020,(10)：130-131.

[26] 芦立军. 校企合作模式下"构式语法理论"在日语实践教学中的应用 [J]. 大连大学学报,2018,(5)：117-121.

[27] 丁跃斌.BRD 教学模式下民族地区日语教学的研究与实践：以吉首大学高级日语课程为例 [J]. 齐齐哈尔师范高等专科学校学报,2012,(5)：136-137.

[28] 王丽莉. 日语阅读翻转课堂的教学设计与实践 [J]. 长春师范大学学报,2020,(5)：184-189.

[29] 崔秀霞. 基于项目教学法的大学日语教学中环境保护意识培育探索 [J]. 环境工程,2022,(9)：276-277.

[30] 王晓明. 构建日语第二课堂实践教学模式研究 [J]. 吉林省教育学院学报 (下旬),2012,(4)：50-51.

[31] 王慧. 日语听力教学中文化导入的合作互动模式研究 [J]. 传播力研究,2020,(11)：16-17.

[32] 李嫱. 现代高校日语口译教学创新改革研究 [J]. 新教育时代电子杂志 (教师版),2022,(46)：73-75.

[33] 苗志娟. 交互式教学模式在基础日语教学中的应用研究 [J]. 创

新创业理论研究与实践,2020,(6):29-30,45.

[34] 铁玉霞.浅析建构主义理论在《大学日语》教学中的适用性[J].北方文学,2019,(11):186.

[35] 徐蓉.高校大学日语教学改革与实践分析[J].山西青年,2018,(21):277.

[36] 郭莉莉,王玉秀.跨文化交际视角下日语翻译教学研究[J].海外文摘·学术版,2021,(1):41-43.

[37] 王楚楚.人工智能背景下日语翻译教学模式的创新研究[J].世纪之星(交流版),2021,(16):103-105.

[38] 许蓓蓓.大数据背景下日语混合式教学评价体系构建与实践研究[J].创新创业理论研究与实践,2019,(20):73-75.

[39] 周虹."互联网+"视角下多模态日语教学模式策略研究[J].佳木斯职业学院学报,2019,(4):206,208.

[40] 许蓓蓓.大数据背景下日语混合式教学模式探索与研究[J].文化创新比较研究,2019,(31):165-166.

[41] 刘芳.浅谈"POA"理论在大学日语教学改革中的应用[J].当代教育实践与教学研究,2018,(4):276.

[42] 张英春.高校日语专业认知型翻译教学模式的构建[J].科教文汇,2020,(17):181-182.